일본인의 집단(나카마) 의식

NIHONJIN NO NAKAMAISHIKI
일본인의 집단(나카마) 의식
by Toshinao Yoneyama

Originally published in Japanese by KONANSHA LTD., Tokyo, in 1976

한림신서 일본학총서 29

일본인의 집단(나카마) 의식

요네야마 도시나오 지음 | 김필동 옮김

小花

차례

I. '아는 사이'와 '나카마(仲間)'

1. '아는 사이'라는 것
2. '아는 사이'와 '타인'
3. 인간 관계의 구조
4. 세간과 나카마의 일본적 특징
5. 나카마를 둘러싼 회사의 구도

1. '아는 사이'라는 것

숨겨진 형태

일상생활 속에서 우리들은 실제로 여러 가지 행위를 행하고 있다. 그것을 하나하나 꼽아 보면 생각했던 것보다 훨씬 많지 않을까? 그러나 우리들이 자신의 행위를 일일이 인식하지는 않는다. 호흡을 한다거나 잠깐 머리에 손을 댄다거나 하는 행위에 대해서는 거의 자각하지 않는다. 좀더 문화적인 행위라 하더라도 그 대부분은 매일 반복되는 것이기 때문에 특별한 주의를 기울이지 않고 행하고 있다.

지극히 자연스럽게 대부분의 행위를 하는 것은 한편으로는 우리들의 행위가 몸에 이미 익숙하기 때문이라고 말할 수 있을 것이다.

자동차 운전을 막 시작한 사람은 자신의 손과 발의 움직임 하나하나에 꽤 신경을 쓸 것이다. 처음에는 긴장의 연속이다. 그러나 몇 년 정도 운전하면 이 긴장은 싹 없어진다. 손발의 움직임에 신경을 쓰지 않아도 차는 움직인다. 더구나 숙련되지 않은 사람과 비교해서 훨씬 유연하게 움직일 수 있다. 일상에서의 행위 대부분은 역시 이러한 운전처럼 충분히 익히고 충분히 훈련된 결과라고 말할 수 있다. 인간은 오랜 시간을 거쳐서 몸과 마음이 함께 어느 문화를 학습하고 숙련해서 그것을 몸에 익혀 가는 것이다.

외국 등 낯선 곳에 갔을 때 우리들은 약간 당혹감을 느낀다. 이것은 그 지역의 풍습에 익숙하지 않기 때문이다. 말하자면 그 같은 익숙함이 없기 때문이라고 말해도 좋을 것이다. 예를 들어 공중전화 하나 걸려고 해도 일본에서라면 별 어려움 없이 수월하게 할 수 있는 일이 성가시게 생각된다. 거기에는 따로 긴장이 따르는 것이다. 그러나 얼마 동안 머물러 있으면 그것도 익숙해지고 즉시 긴장은 풀려 버린다.

거듭되는 일상에 익숙한 것은 너무나도 당연한 것으로 특별히 신경이 쓰이지 않는다. 마치 호흡하는 것을 보통 상태에서는 신경쓰지 않는 것과 같은 것이다. 우리들의 일상은 그 대부분이 이와 같이 일상화 · 관습화된 부분이 많다고 말해도 좋다. 관습은 평상시에 공기가 존재하는 것같이 거의 느끼지 못하는 것이다. 오히려 다른 관습과 부딪치기 시작하면서 그 존재를 느끼는 것과 같다.

우리들의 행동 양식 혹은 문화 패턴은 이처럼 관습화되어 거의 의식하지 않고 행하는 것같이 일상생활 속에 숨겨져 있는 듯하다. 그 형태라는 존재는 평소에는 자각되지 않는다.

여기서 그같이 숨겨져 있는 형태 가운데 하나에 주목해 보기로 한다.

표정과 태도의 급변

우리들은 평소에 다음과 같은 일을 자주 경험한다. 예를 들면 역 플랫폼 옆에 서서 전차를 기다리던 여자 아이가 갑자기 이쪽을 향해 방긋 웃는다. '어머?' 라고 생각하는 순간 그 이유를 바로 알게 된다. 내 뒤에 그녀의 친구가 웃고 있었던 것이다.

또 다른 예를 들면 전차 맞은편 자리에서 몹시 언짢은 표정을 하고 있던 노신사가 갑자기 얼굴 표정을 바꾼다. 그의 시계(視界)에 아는 사람의 모습이 들어왔기 때문이다.

혹은 역시 차(車) 안에서 제 것인 양 자리를 차지하고 앉아서 옆에 서 있는 할머니를 보고서도 못 본 체하던 중년의 부인, 아는 사람이 차에 올라타는 것을 알아차린 순간 일순 표정을 바꾸어 "이쪽으로 앉으세요" 라고 말하면서 자리를 양보한다.

별로 드문 일은 아니다. 언제나 우리들이 경험하는 일이다. 그러나 조금 더 관찰해 보면 이럴 때 사람은 전혀 다른 사람이 된 것같이 표정과 행동을 바꿔 버리는 일이 적지 않은 것이다.

이런 표정 · 행위 · 행동 양식의 갑작스런 변화는 사람이 '아는 사람'을 우연히 만남으로써 일어난다. 인간은 상대가 생판 남인가 혹은 '아는 사이'인가에 따라서 그 대응 방법이 확실하게 다르게 나타난다.

물론 이 사람 저 사람 가리지 않고 붙임성 있게 행동하는 상인처럼 예외도 있을 것이다. 또 '아는 사람'과 우연히 마주치더라도 아무에게나 친한 듯한 표정과 태도로 바뀐다고도 할 수 없다. '아는 사이'라 하더라도 교제하고 싶지 않은 사람을 만나면 갑자기 무뚝뚝한 표정으로 변하는 사람도 있을 것이다. 아무튼 상대가 '아는 사이'인지 어떤지에 따라서 인간이 태도를 바꾼다고 하는 것은 하나의 자각되지 않은 숨겨진 형태라고 말해도 좋을 것이다.

인간은 이렇다라고 말하고 있으나 여기에서 말하는 인간이란 현대의 일본인, 그것도 도시적인 환경 속에서 생활하는 사람들을 가리키고 있다. 상황이 다르면 같은 형태를 취할 수 없을지도 모른다. 또 비록 비슷한 것을 관찰할 수 있었다 하더라도 그 사정은 조금 다를지도 모른다.

격식 차린 얼굴

예를 들어 서로 오랫동안 알면서 같이 생활하는 작은 마을 같은 경우라면 조금 사정이 바뀔 것이다.

이 같은 마을에서는 멀리에서도 저 사람은 누구누구라는 것을 알 수 있다. 전원이 '아는 사이'이기 때문에, 조금 전 예로 든 것 같은 표정과 태도의 급변은 그다지 일어날 것 같지 않다. 사이가 좋은 사람들이라면 처음부터 친한 관계일 것이고, 나쁜 사이에서는 모르는 체하거나 시비조(是非調)일지도 모른다. 또한 순간순간의 기분과 문자 그대로 날씨에 따라 좋은 때도 그렇지 않은 때도 있겠지만, 상대는 그 미묘한 차이를 살펴서 "어째, 오늘은 기운이 없어 보이네" 하며 말을 건넬지도 모른다. 더욱이 그 기분의 원인을 확실히 알고 있으면 "또 부부 싸움을 했군" 하면서 구체적으로 원인을 지적할 수도 있을 테고, 역으로 기분을 감잡아서 아무런 말도 하지 않고 그대로 놓아 두는 경우도 있을 것이다.

요컨대 이렇게 마을의 아는 사이일 경우에는 앞에서 예로 든 플랫폼과 차 안에서와 같은 것은 관찰하기 어렵다.

실은 이런 작은 마을 안에서의 '아는 사이'와 똑같은 것은 매일 같은 구성원이 모이는 장소, 예를 들면 가정에서와 직장에서도 일어난다. 그것은 보통 '아는 사이'만이 모여 있는 장소인 것이다. 거기에서는 연령, 아니 성별 · 지위 · 역할 등에 의해서 별도의 표정과 태도로 나타나는 행동 양식의 형태가 보인다. 그러한 장소에 '아는 사이'가 아닌 사람이 찾아간다면 '아는 사이'들은 일제히 격식 차린 얼굴을 할지도 모른다.

어쨌든 현대 일본인의 경우에 대해 말한다면, 모르는 많은 사람들과 함께 있는 장소에서는 '아는 사이'인지 여부가 표정이나 태도, 혹은 행동 전체를 완전히 바꿀 정도의 의미를 가지고 있다고 확실히 말할 수 있을 것 같다.

이것은 우리들의 인간 관계가 우선 상대가 '아는 사이'인가 아닌가라는 부분에 확실한 변별점이 있다는 것을 나타낸다. '아는 사이'와 '타인', 이러한 대립이 우리들의 사회생활 속에서 숨겨진 기준으로 존재하는 것이다.

2. '아는 사이'와 '타인'

세간(世間) — 타인 속에서 살아간다

'아는 사이'와 '타인', 이 기준을 출발점으로 해서 조금 더 숨겨진 형태를 추적해 보자.

현대 사회에서 우리들의 일상생활은 옛날 작은 마을 안에서의 생활처럼 아는 사람끼리만 살고 있는 것은 아니다. 애초부터 일상생활은 많은 타인에게 둘러싸여 어울리는 것이다. 매일 아침 같은 코스를 통근하는 사람이라도 도중에 우연히 만나 통근차 속에서 어깨를 맞부딪치는 사람들 중 99%는 생판 모르는 남이라고 해도 좋을 것이다. 터미널을 지나 직장이 있는 건물에 가까워져도 아직 주위에는 타인이 많다. 계단과 엘리베이터에서 겨우 얼굴을 아는 동료를 만나면 아침 인사를 주고받게 될 것이지만, 대부분의 '아는 사이'는 사무실의 책상에 이르고 나서부터 겨우 만날 수 있는 폭이 넓어질지도 모른다.

이렇게 우리들은 그 생활의 상당한 부분을 알지 못하는 타인들 사이에서 지내고 있다고 할 수 있다. 게다가 그 일상생활이라고 하는 것은 많은 타인의 분업 · 협력이 없으면 영위해 갈 수 없다는 것도 새삼스럽게 말할 필요가 없을 것이다. 우리들은 타인들 사이에서 뒤섞여 서로 신세를 지면서 살고 있다고도 할 수 있을 것이다.

이런 타인과의 교제의 장(場), 그것을 일본어에서 가장 보편적으로 쓰이는 단어로 말한다면, 세간(世間, セケン)이 될 것이다.

세간에는 '아는 사이'도 물론 함께 뒤섞여 있지만 타인이 압도적으로 수가 많다.

세간은 우리들이 생활해 가는 동안 실제로 관련이 있다고 생각할 수 있는 세계의 제일 넓은 바깥 테두리라고 말해도 좋을 것이다. '사회'라든가 '세상 속'이라는 단어도, 같은 의미로 쓰이는 것이 적지는 않으나, 이 책에서는 세간이라는 말로 대표해 두기로 하자.

세상은 여러 가지

세간에는 실제로 여러 부류의 사람이 있고 갖가지 인생이 있다. 나의 느낌으로는 그것은 셀 수 없을 정도의 다양성을 감추고 있는 것처럼 여겨진다. 더구나 그 속에 우리들 자신이 살고 있는 것이다. 그 속에는 속세를 떠나 세간과는 연(緣)을 끊은 생활을 하는 사람도 있다. 그렇다 하더라도 그 사람도 안개를 먹으며 살아갈 수는 없기 때문에, 세간의 많은 타인의 분업 덕분에 살고 있으므로, 속세를 떠난다거나 세간과 연을 끊는다는 것은 그 사람의 주관에 지나지 않는다. 아무리 '세상을 버린 사람'이라도 세간에 신세를 지고 있는 것이다.

그 반대로, '세상 따위는 어떻게 되어도 좋아'라고 생각하는 사람이 세간에는 있다. 자신만 좋으면 괜찮다고 하는 사고방식이지만, 이것도 마찬가지로 주관적인 생각에 지나지 않는다. 오히려 그 같은 생각을 가진 사람도 포함하고 있는 것이 세간이라고 생각해 두면 좋을 것이다.

세간은 때로는 '세간님'이라는 경칭을 붙여서 부르는 경우가 있다. 이것은 우리가 이미 세간의 은혜를 입어서, 그러한 신세를 지며 생활하고 있다는 견해로부터, 그렇게 불리는 것인지도 모른다. 그러나 "세간의 덕분에"라고 하는 사고는, 외국에서는 통용되지 않는 일본 특유의 표현일지도 모른다.

영어에는 grundyism이라는 재미있는 말이 있다. "세간은 무엇일까?"라고 하는 것을, "미세스 그룬디는 무엇일까?"라고 하는 표현 방법이 있다고 한다. 이 Mrs. Grundy는 18세기 말 영국 작가 토머스 머턴의 희극 주인공으로 항상 걱정을 하던 옆집 부인의 이름인데 세상에 대한 체면을 걱정하는 것을 grundyism이라고 하는 것은 거기에서 유래한 것이라고 한다. 미세스라고 하는 경칭이 붙어 있으나 이것은 출전(出典)이 확실한, 다시 말해 '타인지향형' 인간의 사고를 가리키는 것이기 때문에 일본어의 '세간님'과는 조금 다르다.

일상생활에서 일반적으로 해서는 안 되는 것을 하면, "세간(님)에게 죄송하다"라든지, "세간에 면목이 없다"라고 한다. 또 "하늘에 계신 신이여"라든지, "태양신이여"라고도 한다. 이것은 태양을 말하는 것 같으나, 예를 들어 "낮부터 빈둥빈둥 놀고 있어서는 하느님께 죄송하다"라고 말할 때, 그것은 근면을 덕으로 하는 세간에 대항하는 행위를 비판한 것이라고 말할 수 있다. 그것은 세간을 의식하고, 세상에 대한 체면을 중히 여기고 있다는 표현일 것이다.

세간을 모른다는 것은 상식 없는 사람인 것이다. 세간의 입에

문을 달 수는 없다는 것은 소문이 퍼지는 속도를 가리키며, 세상 사람들의 비판에 대한 두려움을 의미한다. 그러나 "사람의 소문도 75일"이라고 하는 말은, 세간의 곧잘 잊는 성질에 대한 지적일 것이다. 세간은 넓은 듯하면서 좁다고 말한다. 이것은 예상 못했던 인간 관계의 통로를 발견한 사람들끼리 서로 입에 올리는 말이다.

이와 같이 세간이라는 말이 쓰이는 상황을 보면, 이 일본어가 의미하는 것이 막연한 것이라고는 하지만 짐작은 간다. 이노우에(井上忠司) 씨에 의하면, '세간'이란 원래 불교 용어로서, 산스크리트어의 loka라는 말의 번역인데 그것은 보람 있는 나날들을 살 수 있는 것 모두를 포함하고 있는 것 같다. 일본어로서 본래의 의미는, 오히려 『만요슈(万葉集)』 등에서 볼 수 있는 '세상(世の中)' 쪽인 것 같으나, 여기서는 인간의 세계를 의미한다고 한다. 속계(俗界) · 색계(色界) · 무색계(無色界)로 이루어진 '삼계(三界)'와 본래 같은 의미라고도 한다.

이러한, '세간'과 '세상'은 세상〔世〕에 수렴된 것인지도 모른다. 그렇게 되면, '이 세상(この世)'과 '저 세상(あの世)', '전생(前の世)'과 '후세(後の世)'라는 말과, 한편으로는 부세(浮世) · 탁세(濁世) · 난세(亂世)라는 말도 연상된다.

여기서는 이 이상의 단어 탐색은 그만두겠다. 어쨌든 일본인의 이미지에는 여기에서 '세간'이라는 말로써 대표된 것처럼 어느 정도 넓이를 가진 인간 세계가 있다. 거기에는 이제 "세상은 여러 가지"로 다양한 인생이 모두 포함되어 있다고 하여도 좋다.

세간을 넓게 안다

중국어로 인간이라고 하면 그것은 사람을 가리키는 것이 아니고 문자 그대로 사람과 사람 사이, 결국 세간을 가리키고 있다. 이것은 꽤나 흥미가 있는 것이다. 세간은 확실히 사람과 사람과의 관계, 인간 관계로서 그 장(場)의 총칭이라고 해도 좋다. 다른 말로는 무어라 할 수 있을까. 영어라면 필경 this world라고 할 것이다. 일 · 영사전에는 the world, society, life라고 나와 있다. 프랑스어의 "C'est la Vie"는 "이것이 인생"이라는 의미이지만 세간은 그러한 것이라는 뉘앙스가 있다.

이 세계, 즉 세간은 사람 각각에 의해 넓게도 좁게도 된다는 것을 주의해 두면 좋다. 하나의 예를 생각해 보자. 관습은 한 무리의 것으로서 학습되는 것이 보통이고, 어떠한 습관도 그 나름대로의 통일성을 가지고 있다. 예를 들면, 일본인에게 가장 보편적인 인사인 머리를 앞쪽으로 숙이는 인사는 간단한 것부터 정중한 것까지, 어느 정도 단계는 있다 하더라도 일단 하나의 형태로서 일관성 · 통일성이 있다. 네팔에서 온 일본 연구자인 조시 씨는 일본인의 인사에 흥미를 보이며 일본 문화는 '인사 문화'라고 말했다. 이것은 하나의 날카로운 관찰이라고 말할 수 있겠다.

그러나 인사에는 물론 예외의 방식이 있다. 인도 문명권에서는 합장(合掌)이 보통이고, 유럽 문화권에서는 악수가 보통이다. 그리고 다양성은 있어도 각각의 통일성이 있다. 문제는 두 개의 다른 인사 행동을 습관으로 하는 사람들끼리 만났을 때 일어난다. 예를 들어, 일본인이라도 인사 외에 악수라는 습관의 존재를 알고 있다면 상대가 손을 내밀면 바로 그 의미를 알아채고 이쪽에서도 그것에 응할 수 있을 것이다. 그러나 만약 그 일본인이 만에 하나 악수라는 행동의 의미를 모른다면 거기에서는 혼란이 일어남에 틀림없다.

세간이 넓은가 좁은가 하는 것은, 물론 극히 주관적이고 상대적인 경향을 띠지만, 이 인사 행동의 예에서도 알 수 있듯이 보다 많은 다양성을 알고 있는지의 여부에 달려 있다. 결국 어느 정도 습관의 의미를 알고 있는 사람이 세간이 넓다고 말할 수 있지 않을까? 물론 어중간하게 알고 있어서는 오히려 혼란을 일으키기도 한다. 그러나 한 가지밖에 관습의 체계를 알지 못하는 사람보다도 여러 가지를 알고 있는 사람이 다양한 대응을 할 수 있는 것은 틀림없는 사실이다.

인사에서조차도 그러하기 때문에, 각각의 다른 관습을 바탕으로 통괄하는 역할을 담당하는 언어의 경우, 그것을 알고 있는지의 여부에 따라 결정적인 차이를 낳는다. 그 때문에 보다 많은 말을 알고 있는 쪽이 보다 넓은 세간을 알고 있다고 말할 수 있지 않을까? 외국어 학습은 우리들의 세간을 넓히는 데에 크게 도움이 되는 것이다.

인간은 가능한 한 넓은 세간을 알아 두고 싶어한다. 옛날부터 "사랑하는 자식에게는 여행을 시켜라(고생의 맛을 보여라)"라고 한다. 이 여행은 세간의 어려움에 부딪히게 함으로써 인생의 경험을 쌓도록 하는 것이다. 타향에서 일하러 고향을 떠나는 것을 여행을 떠난다고 하는 지방도 여러 곳 있다. 보통 처세에 능한 사람이라고 하면 세상 물정에 빠른 사람이라고 낙인되어 오히려 나쁜 의미로 쓰인다. 그러나 미야모토 쓰네이치(宮本常一 : 야마구치山口 출생으로 1981년에 타계한 쇼와 시대의 대표적 민속학자)에 의하면 그의 고향인 야마구치현 오시마(大島)에서는, 타국 여행의 경험자를 세간사(世間師)라고 부른다고 한다. 이것은 넓은 세간을 알고 있는 사람이라는 의미로 오히려 존경의 의미가 포함되어 있다. 다시 말하지만 세간에는 무한한 다양성이 있다. 그 사실만으로도 알 수 있듯이, 타인과 섞여서 그 속에서 살아가지 않으면 안 되는 오늘날에는 더없이 중요한 것이다.

3. 인간 관계의 구조

집안(일가)이라는 혈연 관계

우리들은 세간 속 타인들 사이에서 살고 있다. 그러나 그렇다고 해도 개개의 인간이 단지 혼자서, 직접적으로 말하자면 그냥 알몸인 상태로 세간 속에 내던져진 것은 아니다.

인간인 아기는 말하자면 반 제품의 상태로 태어난 것이라고 말한다. 송아지와 새끼사슴은 태어나서 얼마 안 있으면, 스스로의 힘으로 서서 어미의 젖이 있는 곳까지 가서, 바로 앞에서 어미의 젖을 눌러 젖먹기를 재촉한다. 그러면 어미가 젖을 내주고 새끼는 그것을 스스로 먹는다. 그러나 인간인 아기는 누군가가 보살펴 주지 않는 한, 음식물을 얻을 수도 없고 추위와 더위로부터 몸을 지킬 수도 없다. 결국 혼자서는 살아갈 수 없는 것이다. 그렇게 보육 기간이 긴 것이 인간의 특징 중 하나이다.

또한, 어느 문화 속에서 하나의 인격체가 되기 위해서는 말을 익히고 에티켓을 비롯한 많은 사회의 규칙을 몸에 익혀, 일하는 것과 노는 것을 학습해 나가지 않으면 안 된다. 하나의 인격체로서 어른이 되기까지의 기간은 길며 그것은 점점 더 연장되어 가는 경향이 있다. 옛날에는 소학교 고등과를 졸업하면 이미 어른에 가까웠으나, 요즘에는 대학을 나와도 아직 엄마 없이는 생활할 수 없다는 얘기도 들린다.

태어난 아기가 제일 먼저 접하는 대상은 어머니이고 아버지일 것이다. 최근에는 태어나면서부터 병원에 맡겨져 가끔 어머니가 찾아가는, 완전히 타인에게 맡겨지는 예도 있는 것 같으나 그것은 예외이다. 보통은 부모와 형, 누나 또는 조부모와 그 외의 육친들에게 둘러싸여 아기는 성장해 간다. 거기에 이 아기가 이 세상에서 처음으로 만나는 사람들의 집단이 있다. 그것은 보통 대부분이 가족이고 집안이라고 불리는 사람들일 것이다. 그것은 혈연 관계인 사람들이다.

얼마 안 있어 바로 아이는 집안 이외의 사람들과 접촉을 시작해서 보다 넓은 사회생활을 시작한다. 아이들끼리 어울리는 무리로부터 시작되어, 유치원 · 초등학교를 거치면서 계속해서 아이들과 선생님과의 관계가 생겨난다. 가까운 이웃사람들이 거기에 더해지고, 나중에는 먼 곳에도 '아는 사이'가 생겨난다.

이처럼 집안에서 보호받는 상태가 유 · 소년기를 거치는 동안 계속되는 것은, 세간과 개인의 관계를 생각해 가는 데 중요할 것 같다. 결국 아이인 동안, 인간은 부모를 축으로 하는 집안에 둘러싸여 보호받으면서 자라는 것이다. 집안은 그 후로도 계속 관계를 유지한다. 드디어 어른이 된 개인은 입장이 바뀌어 늙은 부모를 부양하게 되고, 또 결혼해서 자기 자신의 가족생활을 시작한다. 집안이라는 관계에 있는 사람들—육친을 중심으로 하는 혈연 관계의 사람들은 자신의 생애를 통해서 계속하여 존재하는 것이다.

물론 이것은 일반적인 경우이며 어려서부터 고아가 된 불행한 사람도 있고, 자기 스스로 집안과의 단절을 원하는 사람도 있을 것이다. 또 생모와 인연이 없어 혈연 관계 없이 길러 준 부모, 혹은 부모를 대신하는 시설에서 자란 사람도 있다. 그러나 그 사람들도 그 나름대로 보호받을 수 있는 집안이 있고, 곧 자기 스스로가 보호하는 측에 설 집안을 만든다. 혈연 관계는 반드시 생물학적인 혈연이 아니어도 좋다. 의제적(擬制的) 혈연이라 불리는 의부의모(義父義母)라도 집안과 다를 바가 없다. 그러나 그 관계는 '혈연적'인 것으로 간주되는 것이다.

세간에 들어가기 이전에 인간은 먼저 이런 집안을 주위에서 찾아냈을 것이다. 현대 일본에서는 핵가족으로 생활하는 사람들이 압도적으로 많지만, 집안은 이런 작은 생활 집단만은 아니다. 개인차는 크지만, 이 소가족을 둘러싼 친척과 친족의 네트워크가 집안의 틀을 넓히고 있다. 인간에게 이 집단이 지닌 의미는 지금까지도 결코 적지는 않다.

나카마(仲間): 대등한 멤버십

이런 집안 외에 하나 더 중요한 집단이 개인을 에워싸고 있다. 그것이 나카마(仲間)이다. 그것은 처음에는 어린 시절의 소꿉친구로부터 시작된다. 결국 학교 친구들, 그리고 각각의 생활에 따라서 각각의 나카마를 만들어 간다. 사람들은 세간의 전혀 관계없는 타인과 자기 자신과의 교제 앞에서 집안과 나카마라고 하는 두 개의 집단에서 행동을 같이하고 있다.

'아는 사이'라는 것부터 말하면, 집안도 나카마도 '아는 사이'임에 틀림없으나, 그 가운데에서도 더욱더 깊은 관계에 있는 '아는 사이'가 될 것이다. 그저 얼굴을 아는 정도 이상으로 그 관계는 깊다. 집안이 혈연 관계인 것에 반해 나카마는 그것을 전제로 하지 않는다. 비혈연적인 관계이다. 물론 나카마끼리 피가 통하고 있다고 해도 관계는 없으나 그것을 결합의 계기로 하고 있지는 않은 것이다.

나카마라는 것은 무엇인가? 함께 일을 하는 사람, 같은 직업에 종사하는 사람 또 그 모임 · 동류 · 반려 같은 종류, 이것은 『고지엔(廣辭苑)』에 나와 있는 나카마의 정의[1]이다. 영어로 나카마에 해당하는 단어로는, 우선 peer group이 있다. peer는 프랑스어의 par, '같다'는 말을 어원으로 한 것으로, 동등한 지위의 사람, 법률적으로 대등한 사람, 능력과 자격이 같은 정도의 사람을 가리

1) 이 밖에 근세 상공업자의 독점적인 동업조합을 말하기도 한다.

키며, 동료(同僚), 동배(同輩), 나카마(仲間)라는 어휘 해석이 적용되고 있다. 옛날 영어에서도 친구들 · 나카마라는 의미였다고 한다. 따라서 peer group이라 하면, 직역해서 나카마 집단이 되지만, 원래 나카마는 복수인 사람들의 집합, 요컨대 집단을 가리키는 것이기 때문에 이것은 동의반복(同義反復)이 될지도 모른다.

영어에는 또 하나 reference group이라는 사회적 용어가 있다. 이것은 준거 집단, 관계 집단이라는 번역어에 해당된다. 사전을 찾아보면, "개인이 자신과 일체화해서 의식하고 있는 집단. 그 집단이 내세우는 가치관은, 개인의 행동규범으로서 받아들여질 수 있다"라고 되어 있다.

나카마라는 일본어에는, 이러한 reference group이라는 뉘앙스도 꽤나 강하다. "저 사람들 나카마다"라든지, "서로 나카마이기 때문에"라고 말할 때, 그것은 이러한 의미로 쓰이고 있는 것이라고 말할 수 있을 것이다. 나카마도 집안도 모두 reference group의 하나라고 할 수 있겠다.

peer가 대등한 관계라는 강한 뉘앙스를 가지고 있는 점을 여기에서 주의해 두면 좋다. 나카마에는 연령과 성별, 고참인가 신입인가 하는 몇 가지의 요소가 얽혀 있고, 내부에는 대등하지 않은 관계가 밀고 들어갈 여지도 있다. 그러나 본래의 관계는 대등한 멤버십에 있다. 나카마에 가입할 때에는 대등한 멤버로서 참가할 따름이다.

일본 나카마 집단의 경우 집안, 즉 혈연적인 집단 편성 원리가 투영되어 있는 경우가 적지 않다. 소위 부모 · 자식 관계, 형제 관계라고 하는 혈연적인 언어가 나카마 집단에도 사용되는 경우가 있다. 그러나 이 문제에 대해서는 다음 장에서 다시 한 번 검토하기로 하고, 여기서는 처음에 본 '아는 사이'와 타인의 변별, 그리고 '세간'과 나카마의 관련을 먼저 파악해 두고자 한다.

나카마 집단의 계보

나카마라는 말은 일본어에서도 그다지 오래전까지는 거슬러 올라가지 않는 것 같다. 『이와나미고어사전(岩波古語辭典)』에도 이하라 사이카쿠(井原西鶴)[2]의 용례가 중심이 된다.

오히려 나카마라고 하면, 가부나카마(株仲間)를 연상하는 사람이 적지 않을 것이다. 가부나카마는 근세의 특권적인 동업자 집단인 것이다. 미야모토(宮本又次) 씨의 『가부나카마의 연구』는 이에 대한 본격적인 연구 성과이다. 가부나카마는 교토 니시진(京都西陣)[3]의 오리야(織屋)[4] 나카마와 같은 직인(職人)의 동업자를 시작으로, 오사카 도지마(大阪堂島)[5]의 미곡 중개상, 교토의 비단 도매상〔絹問屋〕 나카마 등, 유통 · 중매 · 운송 · 금융 등의 업종에 의해 만들어져, 각각 '관허(官許)'의 특권을 독점해서 나

---

2) 1642～1693, 에도 전기의 대표적 문인.

3) 니시진은 교토의 한 지명으로, 이곳에서 생산되는 고급 직물성 총칭.

4) 직물 제조를 업으로 하는 집.

5) 도지마는 오사카시의 한 지명으로, 겐로쿠 시대(元祿時代, 1688～1704) 이곳에 미곡 시장이 열린 이후 경제의 중심지가 되었다.

카마 이외의 영업을 억제하고 있었다. 중세의 비슷한 길드적 조직인 좌(座)[6]가, 오다 노부나가(織田信長)[7] 등의 센고쿠 다이묘(戰國大名)의 라쿠이치(樂市)·라쿠자(樂座)[8]의 정책에 의해서 한 번 특권을 잃어 해체된 후 에도시대(江戶時代, 1603～1861)에 재편성된 것이었다.

하야시야(林屋辰三郞) 씨 등의 『바람과 물결과(風と流れと)』에는 "당(党)"이라는 장(章)이 있으나 하야시야 외에 하라다(原田伴彦)·사사키(佐佐木高明)·모리타니(森谷就久) 씨가 각각 "당"에 대해서 쓰고 있다. 그 가운데 하라다 씨가 "사람들의 집단은 혈연·지연·직능 등 여러 가지이며, 일본에서는 組·座·講·會·社·連·流·派 등이라고 불린다"라고 했다. 이것에 당을 포함시키면, 현대 일본의 나카마 집단의 역사적 배경이 거의 다 밝혀질 것이라고 생각된다.

당은 무사 계급과 함께 성장하고 가마쿠라 시대(鎌倉時代, 1192～1333)에 기이(紀伊)[9]의 유아사(湯淺)당, 규슈의 마쓰우라(松浦)당 등이 나타났으나, 그것은 16세기 말에 사라져 이 말이 부활된 것은 메이지 시대(明治時代, 1868～1912)의 이타가키 다이스케

6) 중세 가공업자 등의 동업조합.
7) 1534～1582. 중세 전국(戰國) 시대의 무장으로서 전국 통일의 초석을 다진 인물.
8) 중세 이후 헤이안 시대 말기부터 특권 상인들이 독점하던 시장이나 조합인 좌를 없애고 일반 상인들에게도 자유로이 영업하도록 한 정책.
9) 지금의 와카야마(和歌山)현.
10) 1837～1919. 메이지 초기의 정치가로서 1881년 일본 최초의 전국적 조직

(板垣退助)[10]의 자유당 등의 정치결사였다. 중세의 당은 엄격한 규제가 있는 폐쇄 집단이었으나, 다수결 원리와 철저한 '담합(談合)', 즉 의사교섭 과정이 있었다. 당에는 각각의 이에(家)가 요코(横)의 원리로 연결되어 있었다.

사사키는 "단 이러한 경우, 각 이에의 주종 관계에는 확실한 다테(縱)의 지배 · 예속 관계가 관철되어 있고 요코의 원리는 보이지 않는다. 마치 그것은 현재의 보수 정당이 파벌마다 종적 인맥의 결합을 추구하면서, 당의 운영은 파벌의 장로인 횡적 연합에 의해서 행해지고 있는 것과 구조적으로는 꽤 많이 닮았다"라고 서술하고 있다.

중세의 당이 사라진 뒤, 에도 시대에는 組 · 講 · 連 · 社 · 流 · 派 등이라고 불리는 결사(結社)가 나타나지만, 이것들은 일반적으로 참가가 자유로운 조직이었다고 이야기된다. 지금도 대부분의 샐러리맨은 그 근무처를 '우리 회사'라고 하며, 정당의 '당'을 비롯해 종교단체의 강(講),[11] 각양각색의 회(會) 등 오래전부터 쓰이던 말들이 그대로 살아 있다. 거기에 공단 · 재단 등의 '단(団)'이나 부대 · 조사대 등의 '대(隊)' 등이 포함되어 있다. 여기서 나카마라는 말로 대표되어 있는 것은, 이러한 말의 계보를 뺀 결사 · 단체, 혹은 그룹까지도 염두에 두고 있는 것이다.

망을 갖춘 자유당을 창당하여 자유민권운동을 전개.

11) 신불에 참예하거나 기부를 하기 위한 단체, 또는 민간금융에서의 모임, 계.

4. 세간과 나카마의 일본적 특징

세간의 최소한의 도덕률

나카마의 성격을 확실히 하기 위해서 여기서 다시 한 번 세간에 대해서 생각해 보고자 한다.

일본인의 세간에 대한 태도는 하나는 집안을 통해서, 다음에는 동료를 통해서, 세 번째는 완전한 타인 내지는 단순히 아는 사이를 통해서라는 세개의 통로에 의해서 형성된다고 말해도 좋다. 첫 번째 경우는 집안에 보호된 채 혹은 자기 자신을 그 안에 둔 채 세간을 살피는 자세이고, 두 번째 경우는 나카마와의 일체감을 전제로 한 세간에 대한 대응이고, 세 번째 경우만이 그러한 자기의 그룹을 매개로 하지 않고, 말하자면 직접 세간에 접하고 있는 상태라고 해도 좋다. 일상생활 속에서는 첫 번째보다도 두 번째의 경우가 훨씬 비중이 크고 더욱이 세 번째 경우도 매일 통근 시간이나 소비하는 여유 시간의 증가로 이전보다도 급증하고 있다고 해도 좋을 것이다.

그렇지만 그 어느 쪽의 통로를 거치고 있다고 하더라도 세간에 대한 일본인의 대응은 두 가지의 큰 특징이 있는 듯하다. 하나는 세간에 대한 사람들의 대응이 무미건조해졌다든가, 냉담하다든가 어떤 의미에서 합리적이라고도 말할 수 있을 정도로 노력 최소화의 경향이 보인다는 점이다.

"세간에 대해 대할 낯이 없다"라는 말이 있는 것은 이미 언급한 바이다. 그러면 그 "얼굴을 대할 수 없다"라는 행위는 어떠한 것인가라고 묻는다면 그것은 상당히 한정되어 있다고 말할 수 있다. 거의 보편적으로 인류에게 인정되는 반사회적 행위, 즉 살인이라든지, 강도라든지, 방화라든지 누가 생각해도 규칙 위반이라고 생각되는 행위만이 세간의 도덕률이다. 그리고 세간이 사람들에게 요구하고 있는 규칙은 이처럼 최소한의 도덕률일 수밖에 없다고 말할 수 있다. 그러한 규칙을 위반하는 사람은 우선 거의 없다. 물론 예외적으로 이러한 범죄가 일어나지만 그 비율은 극히 낮은 것을 알 수 있다. '어째서 적은가'라고 말하면 그것은 사람들이 세간의 눈, 세간의 지탄을 두려워하기 때문이다. 세간의 비판은 죄를 저지른 사람뿐만 아니라, 그 주변의 관계자에게도 향한다. 어린애가 나쁜 일을 저질렀다면 그 부모도 비난한다. 부모가 근무하는 회사가 세간의 비난의 대상이 된다면 그 자식까지 괴롭게 된다.

그런 사태가 세간에서는 흔히 발생하고 있다는 것을 알고 있는 일본인은, "세간에 대할 낯이 없다"라는 것 같은 행위는 결코 해서는 안 된다고 아이들에게 일찍부터 가르치고 있다. 우리들은 그렇게 예의범절에 익숙해지는 것이다. 그 때문에 이러한 흉악범죄는 그다지 일어나지 않는다. 또 살인이나 강도, 방화와 같은 반사회적 행위를 감히 범하는 것은 확신범의 경우가 많다. 또 그러한 반사회적 행위가 사회에 받아들여지는 것은 범인이 정의의 편이라고 생각되었을 때만이라고도 말할 수 있다. 정의만이 사회를 두려워하지 않는 반사회적인 행위의 면죄부가 된다.

세간을 두려워하지 않는 반사회적인 행위의 수는 일본의 경우 상당히 적다. 종교에는 여러 가지 규칙이 있다. 불교의 오계,[12] 기독교의 일곱 가지 대죄.[13] 이러한 것이 대표적이라고 할 수 있다. 이슬람교는 『코란』이라는 경전에 일상생활의 구석구석까지 규칙으로 묶어 두고 있다.

기독교 교도와 이슬람교 교도는 실제로 충실하게 그 규칙들을 지키고 있다. 그것을 보고 있으면 아주 감탄하게 된다. 그러한 규칙에 속박된 일상생활에 비교해 보면 일본인이 지키는 세간의 최소한의 도덕률은 매우 적다. 불교의 오계 중에서도 세간으로부터 비난받는 것은 처음의 세 개 정도가 아닐까. 기다 미노루 씨의 "일본 부락"에서는, 부락의 네 가지 규정으로서 "칼로 서로 다치게 하지 말 것, 다른 사람의 집을 불태우지 말 것, 도둑질을 하지 말 것, 부락의 수치를 밖으로 드러내지 말 것" 등을 들고 있다. 무라하치부(村八分)[14]의 벌을 주는 무거운 죄이다. 그러나 이 첫 번째 · 세 번째는 조금 전의 살생 등의 보편적 도덕률이고, 네 번째는 오히려 나카마 사이의 규칙이라고 할 수 있다.

어쨌든 그 계율의 수가 극히 적다. 거의 최소라고 해도 좋다. 그리고 이 최소에서만 벗어나지 않으면 세간과의 교제는 가능하다. 그것 이외는 상당히 자유롭게 행동할 수 있게 허용되어 있다.

---

12) 불상생, 불투도, 불사음, 불망어, 불음주를 말한다.
13) 오만, 탐욕, 사음, 질투, 탐식, 분노, 게으름.
14) 에도 시대 이후 마을 구성원에게 규약 위반 등의 행위가 있을 경우, 마을 사람의 합의로 그 집과의 교제나 거래 등을 단절하는 사적 제재.

이 허용도는 최근 갑자기 확대되어 가는 것처럼 보인다. 차 밖으로 쓰레기를 버리면서 달려도, 또 차 안에서 두 사람 좌석을 차지하고 있어도 개의치 않는 사람이 증가하고 있다. 말할 것도 없이 상대가 세간이고 타인이기 때문에 그러한 행동이 가능하다. 타인에 대해서는 상대가 아무리 괴로워하든, 고심하든 보고도 못 본 체할 수 있다. 때로는 죽어 가는 것을 보면서도 아무렇지 않고 태연할 수 있다.

여행중엔 그곳에 아는 사람이 없으므로 창피한 일이라도 크게 부끄럽지 않다는 것도 일본인의 세간, 즉 타인에 대한 책임이 없음을 표현하는 것이다. 그런 점에서 일본인은 반휴머니스트이다. 공중 도덕의 결여라고 불리는 것도 사실은 이 일본적 세간 개념과 깊이 관련되어 있는 것 같다. 이것은 생활의 구석구석까지 신의 의지가 미치는 세계에 비교하면 매우 유유한 것이라고도 말할 수 있는 것이다.

나카마의 최대한의 규칙

처음에 '아는 사이'에 대해 완전히 태도를 바꾸는 것을 언급했다. 세간에 대해서 그 도덕률의 최소밖에 요구하지 않는 일본인이, '아는 사이'가 되고 같은 나카마끼리면 완전히 다른 사람이 된다.

일본인은 '지킬 박사와 하이드'처럼 두 개의 얼굴을 갖고 있는 것 같다. 하나는 나카마를 대하는 얼굴이고, 다른 하나는 세간, 즉 다른 사람을 대하는 얼굴이다. 일부러 의식하지 않는다 해도 우리는 이 두 개를 적당히 구별해 사용한다. 나카마에 대한 약속, 나카마의 규칙, 기대, 요구는 세간에 대한 간단함에 비교하면 훨씬 무겁고 게다가 엄격하다.

그 인간 관계는 복잡하고 미묘해서 신경을 쓰지 않을 수 없다. 사람들이 나카마들로부터 떨어져서 세간 속에서 보내는 시간이 최근에는 길어지고 있지만, 거기에 필요한 것은 최소한의 예절이고 그것만 지키고 있으면 적당히 자신을 보호하며 지낼 수 있다. 그러나 나카마와의 인간 관계에는 여러 가지 번거로운 일이 항상 따라다닌다. 많은 사소한 약속이 있기 때문인데, 마치 아주 작은 마을 안에서의 인간 관계 같은 것이라고 해도 좋다. 마을〔村〕은 무리〔群, ムレ〕에서 유래되었다고 한다. 오늘날에는 오랜 전통적인 마을 사회에서만 생활하는 사람들은 줄어들고 있다. 오히려 마을은 무리로 돌아갔다고 말할 수 있을지도 모른다. '아는 사이'의 대부분은 나카마에 속해 있다. 그래서 세간은 그 아는 사람과 타인이 섞여서 공존하는 곳이다. 세간에 대해서는 최소한의 예절로 끝낼 수 있는 사람이, 나카마들 사이에서는 역으로 최대한의 규칙을 지켜야 한다. 그 때문에 두 개의 얼굴을 갖는 것은 어쩔 수 없는 것일지도 모른다.

그런데 집안과 나카마에 대해 여러 가지를 언급했지만, 누가 나카마이고 누가 나카마가 아닌가 하는 것은 간단히 결정될 것 같지만, 실은 반드시 그렇지 않다. 자신의 주위 사람들을 떠올리면서 누가 나카마에 속하는가라는 분류를 게임처럼 해 보면, 이 분류는 의외로 성가신 것이다.

나카마 분류 게임

예를 들어 이러한 경우는 어떨까.

직장에서 책상을 마주하고 있는 A군과 B군은 똑같은 일을 담당하고 있어서 종종 팀을 구성하는 일이 있다. 서로 협력적이고 팀워크는 훌륭하다. 두 사람은 입사 동기생으로서, 일하는 모습으로는 우열을 가리기 어려운 우수한 사원이었다. 두 사람 다 골프가 취미이고 그 솜씨도 비슷한 정도이다. 그러므로 이 두 사람은 나카마라고 해도 좋다. 그러나 다른 한편으로는 그렇게만 단언할 수 없는 점이 몇 가지 있다.

우선 두 사람은 출신 학교도 고향도 다르다. 그렇기 때문에 각자의 동창회 모임에서 얼굴을 마주하는 일은 없다. 입사 동기이기 때문에 서로 좋은 의미에서 라이벌 의식도 있다. 게다가 사내의 인맥으로 보면 A군은 고향 선배인 C전무와 가깝다. 그에 비해 B군은 동창 선배인 D부장의 그룹에 속해 있다. 다행히 사내에는 지연이나 학벌에 의한 노골적인 대립 등은 없지만, 만일 각자의 선배들 사이에서 대립이 생겨, 그것이 표면화된다면 A군과 B군은 아마도 서로 다른 행동을 취하고 각자가 신뢰하는 선배 쪽으로 기울게 될 것이다.

게다가 A군은 결혼을 해서 아기가 있지만, B군은 아직 독신의 홀가분한 몸이고 독신자들과의 교제가 있다. 주말에 밤을 새워 가며 즐기는 마작놀이에 참여하는 것은 B군이고, A군은 집으로 바로 간다. A군은 언제부터인가 도시락 지참조가 되어 버렸지만, B

군은 오로지 사원 식당에서 메밀국수 등을 먹고 있다. 게다가 두 사람의 집은 회사에서 아주 다른 방향에 있고, A군은 국철로 B군은 사철로 통근하기 때문에 파업 때는 두 사람은 각자 다른 고통을 맛보게 된다.

이 정도의 차이가 있는데도 과연 두 사람을 나카마라고 해도 좋겠는가. 처음에는 간단히 나카마라고 보았지만, 두 사람에게는 많은 차이점이 있어서 그렇게 간단하게 단언할 수 있을지 매우 주저하게 된다. 즉 이 예에서는 두 사람은 어떤 점에서 확실히 나카마라고 말할 수가 있지만, 다른 점에서는 완전히 나카마가 아니라는 것이다. 자기 주위의 인간 관계에 대해서 조금 생각해 보면 이와 같은 모순이 얼마든지 있다.

그러나 여기에서 이미 한걸음 더 나아가 어째서 이처럼 모순이 발생하는가를 생각해 보자. 알다시피 이제까지는 무엇을 기준으로 나카마라고 부르는가, 바로 그 점을 무시해 왔다. 그러나 나카마가 갖는 의미를 생각하기 위해서는, 우선 무엇을 기준으로 하여 나카마라고 하는 것인가가 중요한 열쇠가 됨을 알 수 있다. 바로 앞의 예에서 본다면 직장의 동료, 입사 동기, 골프를 친다는 점에서는 두 사람은 나카마이고, 출신학교나 기혼, 미혼 등의 기준으로 보면 나카마가 아니다.

즉 어떤 기준을 취하는가에 따라서 나카마의 범위가 변할 수 있다. 이것을 한 개인을 중심에 두고서 생각해 보면 또 다른 견해가 가능하다.

분류의 기준

인간은 나날이 많은 나카마와 교제하면서 살고 있다. 실은 그 나카마에는 성격이 다른 몇 종류의 나카마가 포함되어 있다. 평소에는 그것이 몇 종류인가 하는 점은 별로 생각하지 않고, 한 사람이 몇 개의 다른 종류의 나카마로서 교제하는 경우도 있다. 그러나 새로이 분류를 시도해 보면, 한 개인이 몇 종류의 나카마를 가지고 있음을 확인할 수 있을 것이다.

그것을 확실히 파악할 수 있는데, 실은 연하장이라는 편리한 것이 있다. 영업용으로 의례적인 것은 별도로 치더라도, 개인끼리 주고받는 연하장은 대개의 경우 나카마의 상호 관계를 약간 격식을 차린 형태로 표현하고 있다고 볼 수 있다. 물론 그중에는 연하장 등은 허례라고 하여 전혀 보내지 않는 사람도 있을 것이고, 정말로 한정된 범위의 사람에게만 쓰는 사람도 있을 것이다. 매년 정월을 피해 정월 대보름 무렵에 카드를 보내 주는, 나의 스승 중 한 분인 시가(滋賀)대학 학장인 하라(原正信) 선생님 같은 사람도 있다. 그러나 나카마를 분류하는 데는 편리한 존재라고 말할 수 있다.

절차로서 이런 식으로 하나의 나카마 분류 게임을 시도하면 어떨까. 우선 금년 정월에 받았던 연하장 뭉치를 꺼내서 그것을 몇 개의 그룹으로 나누어 보자. 친척, 집안 사람들, 학교 친구, 일에 관계된 나카마와 거래처의 아는 사람, 동업자의 아는 사람, 취미와 오락 등 어떤 기회로 알게 되어 서로 친해진 사람들 등, 자연스럽게 분류가 가능할 것이다. 학교 친구라고 해도 초등학교의 친구도 있다면 대학 동창도 있을 것이다. 이 분류를 하는 동안에 자연스럽게 분류의 기준이 나타나게 될 것이다. 일단 분류가 가능하게 되면 다음에 그 그룹 하나하나가 어떠한 기준에 의한 것인가를 생각하고, 그것에 이름을 붙여 보는 것이다. 뜻밖의 기준을 무의식중에 사용하고 있음을 적지 않게 깨닫게 될 것이다.

이렇게 분류 게임을 한 후, 남은 그룹의 이름과 수가 당신이 소속하고 있는 나카마 집단의 이름과 수이다. 실제로 시도해 보면 그 수가 예상 이상으로 많은 것을 느끼게 될 것이다. 그리고 최후에 몇 개의 나뉜 그룹에 자신에게 가장 소중하다고 생각하는 것부터 순서대로 번호를 붙여 본다. 같은 정도의 중요한 것은 동격으로 해도 좋다. 이것으로 이 게임은 끝난다. 물론 이 게임은 연하장이 아닐지라도 자기 주위의 주소록으로 해 보아도 좋다. 어쨌든 이 게임에 의해서 우리들은 각각 몇 개의 나카마 집단을 가지고 있음을 깨닫게 될 것이다. 매일 얼굴을 마주치는 나카마는 물론, 그렇지 않은 사람들도 포함시킨, 자신의 나카마의 종류를 이렇게 확인할 수가 있을 것이다.

5. 나카마를 둘러싼 회사의 구도

우리들 회사 관계의 제일 바깥 테두리를 세간이라고 부르고, 가족처럼 혈연적 관계로 맺어져 있는 부분을 집안이라고 부른다면, 나카마는 말하자면 그 중간에 위치해 있다. 우리들이 소속한 집단이라고 할 수 있을 것이다. 그것도 보통 하나에만 속해 있는 것이 아니라 우리들은 몇 개의 나카마 집단에 동시에 참가하고 있는 것이다. 어떤 나카마 집단은 아주 가까운 '아는 사이'만으로 구성되어 있을 수 있지만, 역으로 소속하는 나카마 집단을 매개로 새롭게 '아는 사이'가 되는 경우도 또한 적지 않다. 또 '아는 사이' 가운데는 단지 서로 얼굴만 알 뿐이고, 나카마라고 하는 의식을 서로 가지고 있지 않는, 오히려 세간의 범주에 포함시키고 싶은 사람들도 있을 것이다.

집안과 나카마는 이처럼 개인으로부터 보면 한정적인 집단인데 비하여 세간은 비한정적인, 잡다한 사람들의 집합이라고 볼 수가 있다. 또 나카마는 개인을 중심으로 보았을 때 자연히 그 규모가 작다. 대개는 수십 명, 많더라도 수백 명 규모에 머무르리라고 생각할 수 있지만, 세간은 주관적으로 보아 넓어도 좁아도 그 크기는 비교가 되지 않을 만큼 많은 사람들을 전제로 하지 않으면 안 된다. 즉 이 양적 크기는 질적인 차이를 표현하고 있다고 할 수 있다. 여기서 이것저것 생각해 온 것을 정리하여 도식화해 본 것이 다음의 도표이다.

세간(世間)	동포(同胞)
나카마(仲間)	집안〔身內〕

이 도표의 좌우를 나누는 세로축은 혈연 의식이 있는지 없는지의 구별로서, 오른쪽이 혈연, 왼쪽이 비혈연이 된다. 또 상하를 나누는 가로축은 지금 언급한 것처럼 집단의 한정성과 크기에 의한 질적인 차이를 나타내고, 위쪽이 큰 집단 내지는 집합으로 비한정적이고, 아래쪽이 작은 집단으로 한정적인 것이 된다.

이제까지의 이야기 중에서 아직 언급하지 않았던 '동포'라는 범주가 여기에서 갑자기 등장하고 있다. 이것은 집안의 연장선상에 혈연적인 관계를 관념적으로 확대해 간, 이미지로서의 인간 집합을 가리킨다. '1억 동포'라든가, "모두 같은 일본인이 아닌가"라든가, "일본 국민으로서 용서할 수 없다"라고 할 때, 거기에는 일본인이라든가 일본 민족, 또는 일본 국민이라는 독특한 연대 의식이 뒷받침되고 있다. 이것은 일상적으로는 감추어져 있지만, 외국과의 긴장 관계 등이 일어나면 '민족 의식'으로서 표현된다. 또 이 동포 의식을 자극함으로써 내셔널리즘을 부채질하고, 여론을 움직이게 하는 정치가도 적지 않다.

외국에서 생활하고 있는 일본인의 경우는 바로 일본인이라는 의식만으로 가까워지기도 한다. 이 '핏줄' 의식은 물론 참된 혈연 관계를 전제로 하지 않아도 상관없지만, 집안에 대응하는 비한정적인 큰 집합으로서 우리들 마음속의 어딘가에 내재하고 있는 것이다. 그것은 오히려 외국에 갔을 때 상당히 자각되는 것이다. 소위 민족적 귀속성은 어디에서나 표출되지만, 오늘날의 일본인은 평상시에는 비교적 그 표면화가 적은 편이다. 다만, 올림픽 등에서는 그것이 국기라든가 국가와 함께 일시적으로 표면화하는 경우가 있다.

실은 이 동포라는 이름을 붙이는 데에 고민이 있었다. 일본인이라든가 일본 민족이라든가 하는 말을 넣으면 보다 확실해질까 생각했다. 그러나 다른 세 가지의 언어와 마찬가지로 되도록 널리 사용되는 일본어로 대표시키고 싶어서 동포라고 하는 오래된 듯한 언어를 채용해 본 것이다. 이 밭 전(田) 자형의 구조는, 실로 수년 전 필자가 미국의 대학에서 가르치고 있을 때 외국인 학생들에게 우리 일본인들이 자신들의 사회나 사회 관계에 대해서 어떤 이미지를 가지고 있을까라는 점을, 평상시 사용하고 있는 가장 평균적인 일본어를 주 개념으로 해서 정리해 보려던 차에 떠올랐던 것이다. 우리들 일본인의 사회생활, 그 사회 관계가 전개되는 장(場)은, 이 네 개의 범주(세간 · 나카마 · 집안 · 동포)에서 행해지고 있다. 그러나 실제 일상생활에서는, 나카마라는 범주가 무엇보다도 중요한 부분이라고 생각된다. 생산의 장과 소비생활 단위인 가정이 분리되어 버린 오늘날에는, 생존을 위해 꼭 필요한 직장도 이 나카마 집단의 하나이다. 그곳은 연하장이 교환되는 중요한 곳이기도 하고 마찬가지로 대부분의 사교, 관혼상제의 교제가 이루어지는 곳이기도 하다. 소위 일본인이 의리 인정, 은혜 · 의리에 얽매임도, 생각해 보면 오로지 이 나카마 사이에서만 이루어지는 관계이다. 번거로운 인간 관계가 집적되어 있는 것도 이 범주의 부분일 것이고, 반대로 정말로 친한, 인간다운 교제도 이것을 중심으로 이루어진다.

나카마 내지는 나카마 집단은 우리들 일본인의 생활을 생각하고 사회를 생각하고 그 가치관이나 사고방식을 생각하기 위해서는 무엇보다도 중요한 장이라고 말할 수 있다. 이 책을 정리한 하나의 이유는 나카마의 중요성을 깨달았기 때문이다.

Ⅱ. 되짚어 본 다테(縱)사회

1. 피는 물보다 진한가

충을 택하자면 효를 포기해야 한다

나카마는 별로 피가 섞여 있는 것은 아니다. 이미 앞에서 언급한 것처럼 자식이나 형제자매처럼 피가 섞이고, 혈연에 의해 맺어지고 그것 때문에 성립하는 집안은 별도의 원리에 의해 만들어진 집단이다. 실제로는 나카마와 집안이 서로 중복되는 경우도 있을 수 있지만 원리적으로는 다르다. 여기에서는 혈연 관계가 주된 이유인지 아닌지 하는 점을 구별해서 생각해 보고자 한다. 나카마와 집안은 그 어느 쪽도 타인은 아니다. 어느 쪽이나 한 개인에게는 소중한 관계로 맺어진 사람들과의 집단이지만 이 점이 다르다.

그런데 나카마와 집안, 어느 쪽이 중요한 것일까. 그런 것을 질문받으면 대개는 대답하기 곤란해진다.

다이라노 시게모리(平重盛)[15]가 "충을 택하자면 효를 포기해야

15) 1137～1179, 헤이안 시대 후기의 무장.

한다"라고 아버지 기요모리(淸盛)를 간했던 딜레마가 거기에 있다. 말할 것도 없이 그 둘은 어느 쪽이나 소중한 것이다.

안으로는 고립되고 그것을 자랑으로 여기는 사람도 있을지 모르지만, 대개의 일본인은 나카마가 없으면 살아갈 수 없는 것이 보통이다. 나카마와 어울리지 못하면 외톨이가 되고, 주위가 모두 낯선 타인인 상태는 보통의 일본인에게는 참을 수 없는 것이다. 몇 시간 혹은 며칠 정도라면 오히려 해방감을 맛볼지도 모르지만, 조금 지나면 누군가 아는 사람이 없을까 생각하게 되고, 그런 사람이 눈에 띄지 않을 때에는 이쪽에서 친한 상대를 만들려고 노력하게 된다.

일시적인 여행을 할 때에는 해방감이 강하고 아는 사람을 찾으려고 하지 않지만, 이윽고 본래의 위치로 돌아가면, 나카마가 있는 곳에 돌아간다는 안도감이 한편에 있기 때문에 맛볼 수 있는 것이다. 혼자가 되었을 때 사람들은 집안과 나카마의 존재를 오히려 생각하게 될지도 모른다.

나카마는 우리들 생활에서 없으면 안 되는 중요한 존재이다. 그러나 아무리 나카마가 소중하더라도 그것을 이유로 집안의 일을 잊어버린다면, 오히려 나카마로부터 비난을 받을 것이다. 처자도 돌보지 않는 그런 맹렬 사원은 일의 나카마인 동료사원으로부터 오히려 배척당하기 쉽다. 그러나 반대로 마이홈주의를 우선해서 집안일밖에 생각하지 않는 사람도 똑같이 나카마로부터 배척당하게 될 것이다. 이것은 "충을 택하자면"의 시게모리를 닮은 민감한 부분이다.

나카마와 집안 양쪽을 함께 교제해 가야만 하는 우리들은 그 균형에 고민하지 않으면 안 된다. 집안 쪽도 나카마를 점검하는 역할을 다하고 있다. 나쁜 나카마를 사귀어 놀기만 하면 집안으로부터 제동이 걸려 온다. 옛날에는 의절이라든가 간도(勘當)[16] 라든가, 집안에서 인연을 끊어 버리는 제재도 있었다. '身を固(かた)める'라는 것은 남자가 결혼해서 자기 자신의 처자, 즉 자신의 가족을 갖는 것을 가리키고 있다. 공적인 생활이 남자를 중심으로 이루어지던 시대의 말이다. 지금은 여성에게 '身を固める'가 있을지도 모른다.

중국 고대의 현자(賢者)들은 남자가 천하 국가의 일을 하기 위해서는, 자신이 먼저 그 몸을 다스리고 집안을 다스리는 것이 전제라고 했다. 이른바 수신제가 치국평천하이다. 사회생활의 전제로 수신제가를 두고 있는 것, 게다가 그것을 연속적으로 생각하는 점이 흥미롭다. 이것은 어느 정도까지는 일반적인 진리일 것이다. 집안에 마음이 걸리는 것이 있어서는 사람은 안심하고 나카마와 함께 일할 수 없는 것은 당연하기 때문이다. 그렇지만 집안이 우선 첫째이고 나카마는 두 번째라고 말할 수 있느냐 하면, 오늘날에는 그렇게는 말할 수 없다. 피는 물보다 진하다는 말이 있지만 사회생활 속에서 혈연 관계가 나카마에 우선하는지 한 번쯤 의심해 볼 필요가 있을 것이다.

---

16) 못된 일을 저질러서 부모나 스승이 자식 또는 제자와 인연을 끊음.

먼 친척보다 가까운 이웃

옛날에 집안은 그 자체로 생활하는 유일한 거점이고 그것만으로 완결된 것이었다. 경제적으로 보면 생산과 소비를 일괄했던 단위로서 자급자족적인 집합체다. 그러나 오늘날 집안은 소비생활의 단위일 뿐이다. 사람들은 밖으로 나가서 나카마와 함께 일하고, 그곳에서 얻은 수입을 이 소비단위로서의 집안에 가지고 돌아오는 것이다. 즉 '생산'의 장은 집안으로부터 떨어져 나가 가정 밖에 있는 것이 보통이다. 집안의 존속을 위해서는 나카마와 더불어 일할 필요가 있고 나카마에 의존하고 나카마를 거점으로 하여 집안이 생활할 수 있게 되어 있다. 이렇게 되면 집안의 자급자족 체제는 있을 수 없다. 일하는 장소의 나카마를 비롯해 여러 나카마의 존재가 중요하게 된다. 말하자면 치국평천하가 있고 비로소 수신제가가 가능하게 된다. 그래서 집안이 아닌 나카마가 소중하게 된다. 이것은 농업사회에서 산업사회로의 이동에 따라 시작된 전환의 하나이다.

거기에 또 하나 큰 변화가 있었던 것을 인정하지 않을 수 없다. 원래 집안은 대체로 같은 장소에서 서로 도우며 살고 있었다. 그래서 집안이었다. 그런데 지금은 집안에서 떠나 생활하는 사람이 많아졌다. 태어난 장소에서 일생을 보내는 사람의 수보다도 다른 땅으로 옮겨 살며 생활하는 사람이 많아졌다. 도시적인 생활이 일본 전체로 확대된 탓이다. 그 때문에 집안이라고 해도 실제로 공동생활을 하는 것은 소수의 한정된 사람들, 대개는 부부와 그 자식들만이라는 상황이 되어 버렸다. 그 결과 생활은 오히려 나카마에 크게 의존하는 것이 일반화되었다. "먼 친척보다 가까운 이웃"이라고 하지만, 그것이 실제 모습을 갖게 되었다. 우리들의 생활은 멀리 떨어져 살고 있는 집안 사람들보다도 매일 얼굴을 대하는 나카마에 의존하는 기회가 훨씬 많아졌고 그 중요성도 증대되고 있다. 만일의 경우에 도움을 받을 수 있는 상대는 집안보다도 나카마 쪽이 오히려 점점 많아지고 있다.

물론 오늘날에도 부모 형제의 도움으로 집을 짓는 사람도 있다. 그러나 그것이 가능한 것은 극히 한정된 수의 '행운아'들이 아닐까. 산림 지주의 집안이라든가 부동산 거부의 집안이 아닌 한, 고향의 집안에 물질적 원조를 부탁할 수 있는 사람은 그렇게 많지 않다. 예를 들면 집을 지을 때에는 오히려 회사의 저리 주택자금 대부나 공제조합의 주택 대부금에 의지하는 사람들이 훨씬 많아진 것이 아닐까. 이것도 말하자면 나카마의 도움이다. 이것은 원래 집안의 대사였던 관혼상제 등에도 확실히 반영되고 있다.

장례식은 원래는 혈연 관계자인 집안이 모두 모이고 지연 관계자, 즉 마을의 사람들이 도우러 달려와서 이루어지는 것이었다. 지방에 따라서는 장례식조와 같은 지연적 조(組)가 있어서 장례절차를 모두 그 조가 처리했다. 나도 학생 시절에 태어난 마을 장례식에 집 대표로 참가해서 묘 파는 작업을 담당했던 적이 있다. 죽은 사람이 나의 친척은 아니었다. 나는 마을의 나카마의 한 사람으로서 관습대로 돕기 위해 참가했고 우연히 묘를 파는 역—그 지방에서는 야마(ヤマ)라고 불리고 있다 — 을 맡았던 것

이다. 그 뒤에 취사라든가, 접대의 역할, 여러 가지 구(具)나 장구(葬具)를 정돈하는 역할 등을 친척이 아닌 마을의 나카마가 분담했다. 죽은 사람과 피를 나눈 사람들은 거의 아무것도 하지 않고, 의식에 참가하고 장례대열의 일원으로 참가만 하면 좋은 것이었다. 이것은 마을의 나카마, 즉 지연 조직이 그 의식을 처리하는 예이다. 지방에서는 이러한 관습이 지금도 계속되는 곳이 적지 않다.

그러나 도시의 경우 이 지연 조직은 사라지고 있다. 이웃 사람도 고인과 아는 사이로 장례식에 참가하지만, 장례행사를 처리하는 것은 전문적인 장의사이고, 그들에게 여러 가지 지시를 하며 준비하는 것은 가족의 직장 동료나 그 외의 나카마들이다. 더욱이 의식 그것이 회사장 · 직장장 · 단체장이라는 형태로 완전히 나카마의 손에 위임되고 집안은 단지 참석할 뿐인 경우도 드물지 않다. 또 밀장(密葬)과 고별식이라는 형태로 실제로 죽은 사람을 화장하는 경우와 나카마나 지인이 참가하는 장례를 일부러 나누는 경우도 자주 있다. 나카마는 이런 면에서도 집안 이상으로 중요해지는 것이다.

결혼식에서도 같은 경우를 볼 수 있다. "○○家 ××家 결혼식"이라는 간판은 호텔이나 신사나 전문 결혼식장 등의 앞에는 지금도 늘어서 있다. 그런 의미에서 결혼은 결혼하는 두 사람 각자의 집안의 '결합'인 것처럼 보이지만, 그것은 명분에 지나지 않는 경우가 많다. 중매인은 회사의 상사, 사회자는 신랑의 동료인 X군, 여흥을 주관하는 사람은 신부의 친구인 Y씨, 참가자도 대부분이 직장의 동료들이나 거래처 사람들, 거기에 학교의 급우들이나 클럽의 나카마이고, 집안 사람들은 구석에 조금 있을 뿐인 경우가 적지 않다. 축사나 축전도 집안보다는 나카마들 것이 많고, 또 그것이 우선적으로 일반에게 알려진다. 원래 결혼식 전체의 운영이 나카마들에 의해 진행되고, 중매인도 '형식적으로 부탁받은 중매인'인 경우조차 있다. 나카마들이 지나치게 부각되어 집안 사람들이 왠지 모르게 소외감을 맛보기도 하는, 웃지 못할 광경조차 일어나는 것이 오늘날의 결혼식이다.

이처럼 본래 집안 중심이었던 관혼상제가 나카마 중심으로 바뀌고 있다. 관혼상제는 대체로 어떤 개인의 지위 역할에 대한 사회적 승인의 기회인 동시에, 그 개인을 둘러싼 인간 관계가 재확인되는 기회이다. 따라서 나카마가 이만큼 중요해진 시대가 되면, 그것이 나카마 중심이 되어 가는 것은 당연한 것이라고 해도 좋을 것이다.

"피는 물보다 진하다"라는 것은 일면 진실일 것이다. 그러나 오늘날 사회가 혈연 관계만으로 움직이는 곳은 비교적 적다고 볼 수 있다.

2. 가족주의

아버지 역 · 어머니 역

일본인이 구성하는 나카마는 가끔 가족을 모델로 구성한다.

직장에서도 그렇다. 사장은 '우리 아버지'가 된다. 유능한 전무는 그 '아내 역'이 된다. 같은 부서의 선배는 '형님'이고, 젊은 여사원은 최고 경영자 등에게 '귀여운 우리 딸'이 된다. 갓 졸업하고 생기발랄한 신입사원은, 누님 같은 중견 여사원에게는 '우리 어린 동생'이다.

이처럼 가족에 비유하는 방식은 일본인이 특히 좋아하는 것일지도 모른다. 직장의 일각인 작은 그룹에 대해서만은 아니고, 하나의 기업체에서도 더구나 큰 조직에서도 자주 나타나고 있다. "국철일가(國鐵一家)"도 그중 하나다.

좀 오래된 일이지만 어느 작은 학회에 참석하여 친목회에 참여한 적이 있었다. 그때 사회자로부터 지명되어 인사를 하기 위해 자리에서 일어선 어느 여성이, 그 모임 구성원들에게 친근한 관계를 표현하기 위해서, "이 모임에서는 ○○ 선생님이 아버지, ×× 선생님이 어머니, 우리 자녀들은 모두 좋은 사이입니다"라는 의미 있는 말을 해서 박수갈채를 받았다. 집단의 연대를 강조하기 위해서 그 구성원을 가족에 비유하는 것은 기업만이 아니다. 조합에서도, 스포츠팀에서도, 공사현장의 합숙소에서도, 우리 일본인들은 당장 아버지 역이나 어머니 역의 인물을 만들어내고 만다.

하나의 예로서는 에도 시대부터 계승되어 온, 가족이 그대로 경영체였던 상인이나 농부, 혹은 장인(匠人) 집안의 전통이 그대로 투영되어 있는 측면도 있다. 사실 일본에 있는 주식회사의 대부분은 이른바 중소기업이고, 그 대다수는 사장은 세습적으로 한 집안의 가장이 되고, 그 부친이 회장으로 취임하며 부인이나 자녀가 각각 이사나 전무, 상무의 직함을 가지고 있는 예가 적지 않다. 또 대기업의 경우도 의례적으로 창업자의 일가족이 기업체 안에 조직되어 있는 경우를 볼 수 있고, 사실 그 일가족이 지휘봉을 휘둘러 진두지휘를 하는 예도 있다. 그것이 근대적인 상사나 신문사 등에도 드물지 않다. 소위 동족 회사이다. 그 때문에 나카마를 가족으로 비유하는 것은 당연한 것일지도 모른다. 실제로 나카마 집안이라는 경우도 많은 까닭에, 그 경우는 오히려 가족을 나카마로 보는 쪽이 정확할 것이다.

'가족' 중심의 국가 구성

그러나 그뿐만이 아니다. 메이지 유신 이래, 일본의 역사가 이 가족주의를 국민 문화 전체 안에서 상당히 적극적으로 육성해 왔다는 사실이 나카마를 가족, 즉 집안으로 동일시하는 방향으로 강화하는 작용을 한 것이다. 메이지 유신은 이른바 막번 체제(幕藩體制)를 붕괴시키고 국가로서의 통합을 확립했다. 그때까지의 체제는, 각각의 번이 이른바 하나의 소국가이고, 그 안전은 영주의 지위가 안정되는 것을 전제로 하고 있었다. 만일 어떠한 잘못을 저질러서 패가망신하고 영지가 몰수되면 가신들은 그 순간에 실직하고 마는 것이다. 즉, 한 집안의 중대사(重大事)이다. 그렇게 되지 않기 위해서 각각의 영국(領國)의 체제 · 질서는 엄격히 통제되고 있었다. 영주는 가신과 영지 백성들의 '통합(統合)의 상징'이며, 영주의 가족을 정점으로 한 '가계'의 존속이 그 사람들

전체 생존의 전제 조건이었다고 할 수 있다. '후계자'가 중요시되고, 그 탄생을 위해서는 "설사 서출이라 하더라도 태어난 아이의 신분의 귀천은 아버지에게 달렸다"라고 하면서, 두 명 이상의 여성을 영주에게 배필로 짝지어 주는 축첩 제도도 인정되었다. 메이지 유신 이후 이 무사 계급 집안의 전통이 일본 전체의 전통으로 대치된다. 당시, 이른바 근대국가의 성립을 서두른 메이지 정부는 나라 전체의 통합을 추진하기 위해서 지방적인 가치 기준의 다양화를 없애고, 국가로서의 공통된 기준을 만들어 내기 위해 노력했다. 국민 형성에 대응하는 국민 문화의 형성이 그때 진행되었다.

그 과정에서 이 무가적(武家的) · 유교적인 가족주의가 공통의 이데올로기로서 채용된 것이다. 국가나 국기를 비롯해 나라의 군대가 구성되고, 국교로서의 신토(神道)나 국기(國技)로서의 스모(相撲 : 일본 씨름) 등이 재조직된다. 마찬가지로 가족주의는 일본인 전체를 통합하는 윤리적인 규범으로 자리잡았다. 그 기초로서 가장[戶主]의 권력이 강하고, 장남 상속을 원칙으로 하며 여성, 특히 아내의 지위를 격하시키고 권리를 제한한 민법이 제정되었다. 메이지 민법이 제정되기까지의 과정에는 보다 더 근대적인 인권을 인정한 가족의 존재도 주장되었다. 하지만 결국은 '이에(家)'를 중심으로 하는 것이 일본에서 중요하다는 주장이 강해 무가적인 가부장 제도의 전통이 국민 문화로서 일본인 전체를 포장하게 된 것이다.

원래 일본은 섬나라이면서 남북으로 길다란 모양이어서 지방색이 다양하다. 가족의 구성 상태나, 결혼 관습, 상속 방식 등도 여러 가지였다. 막내 상속의 관습을 가진 지방도 있었다. 그것이 근대 일본의 국가 형성 과정에서 하나의 약속으로 통합되어 가는 것이다. 무엇보다도 지방색은 풍부하지만 일본인은 일본어라는 하나의 언어를 사용하고 공통의 역사적 전통이 천 년 이상이나 된다는 측면이 있다. 따라서 근대의 국민 문화 형성은 비교적 용이하게 진행되었다. 무가법도적(武家法度的)인 가부장 제도는 상층 농민이나 상인 사이에도 어느 정도 퍼져서 그 기능을 다하고 있었다. '위로부터의 개혁'인 제도 개혁 등은 그러한 기반 위에서 실현되었다. 그래서 이 호주를 중심으로 남녀의 불평등, 장남과 차남, 삼남의 불평등을 포함하는 민법은, 제2차 세계대전 후에 만들어진 신민법이 나올 때까지 존속되었다.

3. 동포의 이미지

형제적인 연대감

이러한 메이지 유신 이후의 제도적인 개혁이 있었기에 일본인들은 nation, 즉 국민 내지 민족을 마치 하나의 혈연적 집단인 것처럼 본다고 할 정도로 관념적인 통합을 추진해 갔다. 천황을 나라의 아버지로 여기고 황후를 어머니로 여기는 하나의 가족이라는 이미지로 생각하면서까지 가족주의는 퍼졌다. 황후를 국모 폐하라고 부를 수 있었던 것은 그 하나의 예이다. 동포는 형제라는 의식은 뒤늦게 근대 세계의 무대에 등장한 일본인을 전체적으로 통합하는 힘이 되었다. 동포라는 것은 본래 같은 어머니에게서 태어난 형제라는 의미이다. 해외 동포라든지 일억 동포라고 할 경우, 그것은 역시 가족의 이미지이고 동일한 혈연 집단의 소속자라는 관념이다. 이 경우 상징적으로는 역시 천황을 아버지로 여기는 연대감이 있다고 해도 좋겠다. 이 이미지는 이른바 가족·집안이라는 혈연적인 통합을 확대해서 국민 전체에까지 확대시킨 것임에 분명하다. 청일전쟁, 러일전쟁은 이 동포로서의 통합, 다시 말하자면 내셔널리즘의 강화에 플러스로 작용했다. 혈연 관계가 없는 타인들조차 모두 혈연의 모델에 의해 통합해 가는 것이 여기에서 진행된 것이다. 이 이미지, 이 관념은, 그 후 제2차 세계대전까지 일본 문화에서 줄곧 유지되어 왔다. 밖으로 적을 설정하는 것이 내부를 통합하는 최선의 수단이라고 자주 언급된다. 근대 일본은 메이지 원년의 조약 개정에서 제2차 세계대전중의 ABCD포위진, 즉 미국, 영국, 중국, 네덜란드에 의한 포위 위협의 선전까지, 외적과의 긴장 관계에 의해 안으로의 통일을 꾀하고 그 원리로서 동포 의식이 강조되었던 것이다.

이렇게 지금도 볼 수 있는 가족주의, 나카마를 가족으로 간주하는 일본인들의 경향은 메이지 유신 이후 100년 동안의 국민 문화 형성 과정에서 정착된 일본인들의 이데올로기에서 비롯된 것이다. 그리고 그 원형은, 봉건 무사의 집안 중심의 윤리규범에서 구할 수 있다.

이 가족주의에는 당연히 좋은 면과 나쁜 면이 있다. 우선 좋은 면을 들자면, 이 유추는 사람들에게 이해되기 쉽다는 점을 우선 꼽을 수 있을 것이다. 그리고 집단 구성원 전체가 각각의 입장을 부자 형제의 역할로 판단하여 받아들이고, 각각의 입장에 따른 역할만 다한다면 비교적 부드럽게 잘해 나갈 수 있다는 점을 인정해도 좋겠다. 그 모델이 된 가족, 그중에서도 대가족에는 연령이나 성별이 다른 사람들이 포함되어 서로 협력할 필요가 있다. 나이가 많은 노인에서부터 갓 태어난 갓난아이까지 포함되어 있는 다양성을 전제로 하면서, 나아가 각각의 지위나 역할이 정해져 있다면, 전체적으로 잘 통합되어 모든 구성원들이 행복하게 잘해 나갈 수 있다. 그 바탕이 되는 것은 '화(和)'이고, 그것 없이는 다양한 구성원들의 공동생활은 성립되지 않는다. 가족주의적 집단은 이 가족과 똑같이 '화'를 원리로 하여 인정하는 것이 용이하다고 할 수 있을 것이다.

그러나 물론 결점도 있다. 이 온화함은 다른 한편으로는 확고한 지위 · 역할 · 입장이 정해져 있어 그것에 따라 행동할 것을 요구한다. 그로 인해 구성원들의 개인적인 행동을 제한하고 자발성을 허락하지 않으며 자유를 인정하지 않는 폐단이 있다. 구성원들의 지위 · 역할이 완벽하게 고정되기 위해서는 성 · 연령을 기준으로 한 질서가 요구된다. 게다가 또한, 그 질서에 권위를 부여하기 위해서는 지위의 상하 관계, 권력의 배분 관계가 고정되어 있지 않으면 안 된다. 가부장적 권위, 즉 사람의 연장자가 권력을 독점하고 구성원들을 제재할 수가 있고 그 자유를 제한할 수 있다는 것이나, 남존여비나 연공존중(年功尊重)은 이 질서를 확고히 하는 데 필요하다. 그것이 없는 한 가족주의는 성립하지 않는다.

불특정 다수의 혈연 관계

근대 일본에서는 이른바 가족 제도의 중압이 사회를 규제하는 축이 되었다. 이 점이 가족 제도가 비판받는 최대의 문제일 것이다. 나카마 집단에 투영된 가족주의의 경우도 그 공과(功過)는 마찬가지이다. 한편으로 그것은 나카마끼리의 온화한 연대감을 만들고 그것을 유지하기에 좋은 효과를 올린다. 그러나 다른 한편, 상하 관계를 중심으로 하는 질서가 고정되고 지위 · 역할이 타율적으로 정해져 한 사람 한 사람의 개인은 답답해서 참을 수 없는 괴로움을 느낄 것이다. 특히 근대적 자아에 눈뜬 젊은이들은 그것에 강한 반발을 가지는 것도 당연하다. 일본 근대 소설에 자주 가족과 개인의 갈등이 모티프로 나타나는 것도 그런 점이 반영되었다고 할 수 있다.

가족주의로부터 출발하여 일억 동포라고 할 정도로까지 확대된 집안은, 근대적이고 개성적으로 살아가려고 하는 사람들의 행동을 허락하지 않고 때로는 비국민 취급을 하기에 이른다. 나카마가 구성하는 집단도 이 가족주의적 이데올로기에 의해 자승자박에 빠질 위험이 있다. 그 점을 충분히 경계해 둘 필요가 있다.

동포 의식은 오늘날에는 오히려 해외에서 느끼는 일이 적지 않다. 그렇다고는 하나 이미 다수의 일본인들이 살고 있는 외국의 수도 등에서는 즉각 서열이 확실한 일본인의 식민지가 생겨나고, 그 배타성에 놀라는 일이 있다. 일본인으로서의 연대감은 필요하지만 적당한 것이 좋다. 애국 · 구국이라고 호소하여, 일본인으로서의 낡은 감상을 떠올리게 하여 연대를 정치적으로 이용하는 것은 위험할 것이다. 무심코 광신적인 국수주의에 빠져들기 쉽기 때문이다. 동포라는 집안과 같은 혈연 관계의 이미지가 불특정 다수의 '일본인들' 전체에까지 확대된 것이다.

동포에 대한 세계의 관계와 집안에 대한 동포의 관계는 비슷하다. 그래서 전술한 사상한(四象限)의 틀이 설정된 것이다. 모두 다 일본인들이 겪고 있는 기본적인 집단 이미지라는 점에서는 공통된다. 집단과 나카마, 동포와 세간이란 네 가지의 말, 혹은 두 개의 대립된 언어에 의해 일본인의 사회 관계를 설명할 수 있다고 생각하는 것이다. 이것을 일본인의 사회 관계의 기본적 개념군이라 호칭해도 좋을 것이다. 물론 이 네 개의 말을 어디까지나 대표적으로 언급하고 있을 뿐이고 많은 동의어로 바꿔 놓을 수도 있다는 것은 말할 필요도 없다.

4. 다테사회 재고

저변이 없는 삼각형

도쿄대학의 나카네 지에(中根千枝) 교수의 논문 「일본적 사회 구조의 발전」이, 처음 『주오고론(中央公論)』에 등장한 것은 1964년 5월호였다. 그것을 바탕으로 한 『다테(縱)사회의 인간 관계 —

단일사회의 이론』(고단샤 현대신서講談社 現代新書)이 출판된 것은 그 3년 후였다. 이후 '다테사회'란 말은 폭넓게 사용되게 되고, 일본은 다테사회라고 하는 견해가 일반화되어 상당히 보급되었다. 외국인들 사이에서도 이 말은 퍼져 있어서 "일본은 다테사회"라고 하는 관념이 세계적인 것이 되어 가고 있다.

다테사회의 이론은, 일본인들의 인간 관계가 저변이 없는 삼각형 모양으로 상하로 서로 연결되는 것을 기초로 하고 있고, 그것이 오야분(親分)— 고분(子分) 시스템이나 종신고용 · 연공서열로 제도화되어 지나친 능력 평등관(즉 반능력주의)을 낳는 것이라든가, 그 이론보다도 정서에 호소하는 기반 등, 일본인의 인간 관계를 면밀히 파악하여 정확하게 분석해 보인 것이다. 많은 사람들이 주변을 둘러보고 납득이 가는 부분이 많아서 과연 그렇다고 이해할 정도로 설득력이 있다. 그 때문에 베스트셀러가 된 것이다.

일본인의 나카마 의식을 생각할 때, 이 다테사회의 이론을 피해 갈 수는 없다. 나카네 지에 씨의 입장의 전제에는, 아루가 기자에온(有賀喜左衛門) 교수 등의 「동족단이론」이나, 가와시마(川島武宜) 교수 등의 「가족주의 이데올로기」 등 선학의 연구가 있다. 그것을 보다 일반적으로 여러 외국의 문화와의 비교 관점에서 하나의 체계로 정리한 것이 나카네 지에 씨의 이론이라고 볼 수 있다. 그런 만큼 이 이론은 상당한 설득력을 갖고 있다.

하지만 내가 처음 읽었을 때부터 이 '다테사회'의 모델이, 나 자신의 생활에서 느끼는 감정과 어딘가 엇갈리는 듯한 기분이 들었다. 반복해 읽어도 그 느낌이 떠나지 않았다. 나뿐만이 아니고 아는 사람들 사이에서도 같은 느낌을 말하는 사람들이 있었다.

나카네 교수가 그 이론을 "단일사회의 이론"이라고 명명한 이유 중 하나는 일본 사회가 전체로서 강한 '단일성'을 구비하고 있다는 것이다(나카네 지에, 『일본 사회의 인간 관계』, 도서출판 소화). 그러나 보다 기본적으로는 일본인들의 인간 관계가 직접적 접촉을 전제로 한 하나의 소속 집단에 가입한다는 점이다. 일본인들에게 "의지할 수 있는 소속 집단은 단 하나뿐"이고, "복수의 장에 속하는 것은 불가능"하다는 점에 유래한다. "저자가 본론의 부제에 '단일사회'라는 용어를 사용한 것은, 이 일본인의 단일한 관계 설정을 상징적으로 받아들인 것이다. 개인의 집단 귀속이 일방적일 뿐만 아니라, 하물며 개인과 개인을 맺는 관계가 일방적으로 설정되었다는 것, 또 사회의 여러 집단도 단일성이 강하고, 그 상호 관계 또한 일방적으로 설정되었다는 것을 의미하며, 그 부분에 관해서 다음 장 이하에서 자세히 논하기로 한다"라고 나카네 지에 씨는 쓰고 있다.

소개되는 각각의 사례에는 명쾌한 설득력이 있다. 그것에는 경의를 표하지만, 이 단일 귀속에 관해서만은 나는 자신의 실감, 생활 감각으로서 위화감을 안고 있음을 부정할 수 없다. 이 단일 귀속의 지적을 받아서 '다테사회'의 조직론이 전개되고 서열 의식 · 능력 평등주의 등으로 이야기가 진행되지만, 그 출발점에 해당하는 단일 귀속, 단일성이란 점이 나로 하여금 의문을 품게 하는 것이다. 그 이유는 무엇일까. 이 점을 상세히 검토해 보자.

"의지할 수 있는 소속 집단은 단 하나"뿐인가

나카네 지에 씨는 이렇게 말한다.

> 외국에 있다는 특수 조건을 들지 않아도, 일본 사회도 두 개 이상의 집단에 같은 비중을 두고 소속되어 있다는 것은 매우 곤란하다. 물론 개인으로서 두 개 이상의 집단에 속하고 있다는 것은 보통이지만, 중요한 것은 반드시 그 어느 쪽이든 한쪽에 우선적으로 소속하고 있는 것이 명확하고, 나머지는 제2의 소속이며, 또 자타 공히 그것이 확실하게 구분되어 있다는 것이다.

과연 그럴까? 다른 예를 드는 것보다도 나 자신의 경우를 생각해 보겠다. 나는 몇 개의 집단에 속해 있다. 우선 우리 가족이 있다. 아직 부모가 건재하기 때문에 나는 이른바 부양받을 가족(family of orientation)과 부양하는 가족(family of procreation) 두 개를 가지고 있는 것이 된다. 나는 자식의 역할을 이 나이가 되도록 다하면서 한편으로는 아버지의 역할도 다하고 있다. 나는 대학 교수로 재직하고 있어서 학생들을 상대로 강의를 하고 있지만, 급료가 많지 않기 때문에 책을 쓰기도 하고 잡문을 쓰기도 한다. 아는 사람이 운영하는 두 개의 싱크탱크에서 몇 개의 프로젝트를 도와주기도 한다. 연간 수입은 대학 봉급의 반쯤 된다. 그 밖의 수입이 봉급을 상회하기 때문에 세무서에는 '저술업'이란 범주에 넣어서 신고하고 있다. 이것은 공인회계사의 고안이며 그쪽이 공제에 유리하다는 것이다. 나는 그 밖에 자신을 연구자라고 생각하고 있다. 문부성의 연구비를 받아서 연구팀을 구성하고 해외에 조사도 하러 나간다. 그 비용은 나의 연간 소득의 몇 배에 달한다. 그동안 학생들에게는 핑계를 대면서 휴강을 하기도 하고 보강의 궁리를 하기도 한다. 또 나는 몇 개 학회의 회원이고 그 이사직을 역임하기도 하고 있다. 게으름을 피우는 일도 있지만, 그것도 또한 중요한 일의 일부라고 생각하기 때문에 상당한 시간과 에너지를 쏟고 있다. 분명히 내 생활의 중심에는 대학의 연구실이 있고, 그것에 우선적으로 소속되어 있다고도 할 수 있을지 모른다. 그러나 나는 이 대학으로 오기 전에는 다른 대학에서 교편을 잡고 있었고, 또 다른 곳으로 옮기게 될지도 모른다. 이 직장에서 퇴직당한다면 길거리를 방황할 것 같은 위기감은 나에게는 없다. 택시운전이나 농사일이라도 하면서 먹고 살아갈 수 있다고 생각한다. 직장은 물론 나에게는 소중하지만 그것과 똑같이 가족 또한 소중한 존재이다.

이러한 인간의 경우, 실감나게 "의지할 만한 소속 집단은 단지 하나뿐"이란 것은 있을 수 없다. 나카마라는 점에서 보더라도 나는 몇 개의 다른 나카마를 가지고 있다. 서로 중복되는 얼굴을 만나는 적도 있지만, 전혀 관계가 없는 별개의 나카마를 가지고 있다고 생각하는 경우도 있다.

이것은 나카네 지에 씨가 말하는 중국인의 경우와 비슷하다. 즉, "그들은 두 개 이상(때로는 상반되는 것 같은 집단)에 속해, 어느 쪽이 보다 중요한지가 정해져 있지 않다. 실제로 우선하는 쪽이 상황에 따라 달라지고, 전체적으로도 양쪽이 똑같이 중요하게 기능하고 있다. 그러나 각각 기능이 다르기 때문에 중국인의 의식에는 두 개 이상의 집단에 동시에 속해 있다는 것은 조금도 모순이 아니며, 오히려 자연스런 것이라는 생각을 갖고 있다. 일본인에게는, '저 녀석, 저쪽에도 내통하고 있구나'라고 인식하게 되고, 그것은 도덕적인 비난을 받고 있다"라고 쓰여 있지만, 나는 이 점에서는 중국적이고, 이 도덕적인 비난도 그다지 마음에 걸리지 않는다.

나만이 예외적인 것일까? 그렇게는 생각하지 않는다. 분명히 내 경험과 관계된 특정한 부분도 있겠지만, 주위를 살펴보더라도 내가 아는 사람의 대부분은 나처럼 다방면으로 일하고 여러 집단에 관계되는 경우가 적지 않다. 지리학자로서도 인류학자로서도 훌륭히 통하는 사람이라든가, 평론가 · 극작가 · 연출가뿐만 아니라 대학 교수로서도, 시인이면서 실업가라든가, 소속 집단이 복수로서 그 모든 것을 영유하고 있는 사람들이 세간에는 적지 않다. 이러한 특히 뛰어난 사람들뿐만 아니라, 대개의 일본인들이 몇 개의 소속 집단을 갖고, 그렇게 행함으로써 삶의 보람을 느끼고 있다. 오히려 연공서열이나 종신고용에 의해 조직으로부터 모든 보호를 받는 사람은, 한정된 대기업이나 관청에 근무하는 사람들이나, 그렇지 않으면 집안 관계의 자가영업의 중소기업이 회사 조직으로 간주된 경우가 많다. 거대한 노동인구가 반드시 그러한 한정적 고용 기회라는 혜택을 받고 있는 것은 아니다. 그렇기 때문에 큰 회사나 공무원 등에 지망자가 집중되는 것은 아닌지 모르겠다.

다테사회의 지역차

나카네 교수의 '다테사회'는 그가 살고 있는 사회의 투영이라는 견해를 보이는 사람도 있다. 이것은 정곡을 찌른 지적이다.

그중 하나는 간토(關東)와 간사이(關西), 혹은 동북 일본과 서남 일본의 지역차가 있다. 일찍부터 개발 · 정착의 역사를 지닌 기내이서(畿內以西)에서는, 촌락 조직도 이른바 후쿠타케(福武直) 교수가 말하는 '강조형(講組型)'으로, 말하자면 동등한 회원 자격이 구성원들에게 부여되고 복수의 가계가 복잡하게 서로 통혼하고 있다. 게다가 천년이 넘는 도시의 전통이 있고, 그곳에선 상업 · 공업을 주로 하는 사람들의 집단 거주가 계속되고 있어, 그 영향은 주변 농촌에도 여러 가지 형태로 미치고 있다. 그렇기 때문에 서남 일본에서는, 요코적(橫的) 연대의 예는 좌(座) · 가부나카마(株仲間) · 촌조직(村組織) · 정조(町組), 그 밖에 다양한 강(講) 등에서 볼 수 있고, 권력자를 그다지 인정하지 않는다. 그에 비해 간토 · 간호쿠(關北)에서는 동족단적인 혈연 일족(一族)의 개발이 진행되어, 거기에서는 당연한 것으로서 센주(先住 : 전 주지) · 고주(後住 : 후임 주지), 오야카타(親方 : 우두머리) · 고카타(子方 : 부하)라는 상하 관계가 생겨나기 쉽다. 무사적인 상하 관계, 무사적인 상하 관계, 지배 · 종속 관계가 이른바 인신 지배에 가까운 엄격한 다테 관계(종적 관계)를 구성하기 때문에, 복수 집단으로의 귀속은 소위 배반이 되는 것이다. 게다가 근세의 에도(현재의 도쿄), 근대의 도쿄가 정치 권력의 중심이었던 것이, 권력의 분배를 상하 · 다테 관계로 사람들을 길들여지게 하고, 권력을 등에 업은 권세주의자와 그것에 약한 서민층을 만들어 내고 있는 것은 아닐까. 이러한 지역차는 도쿄를 다테사회형, 간사이를 요코사회형으로 편성하고 있다. 혹은 다테형은 무사와 농민, 요코형은 장인 · 상인들의 도시적 생활자의 편성 원리로 보는 것도 가능하지 않을까. '모든 분야에 촌스러운 경향'이 강하고 지역주의가 있다는 나카네 씨의 다른 지적도, 다테사회에서는 당연하다고 말할 수 있을 것이다.

'다테' 조직의 상징은 오야분—고분이라고 일컬어지고 있다. 내 주변에서는 이 오야분 · 고분의 관계는 의외로 적다. 예를 들면, '교토학파' 등으로 불리며, 밖으로부터는 굳건한 오야분 · 고분의 단결이 있을 것처럼 여겨지는 사람들을 보고 있어도, 그 내면은 전혀 다른 것을 알 수 있다. 물론 예외로서 연장자들을 섬긴다는 점은 있지만, 오히려 연구자로서의 대등성, 따라서 능력주의 평가는 상당히 관철되어 있다.

하나의 예로서 여기서 개인적인 추억을 소개해 두자. 지금은 이미 학계의 원로가 되신 어느 선생님이 현역으로서 활약중일 무렵, 이따금씩 내가 그 선생님과 동석하는 경우 무언가 계획한 일을 갖고 온 사람이 있었다. 그 사람은 이 선생님이 교토 오야분의 한 사람으로서 군림하고 있기에, 그의 명령 하나로 많은 고분이 일제히 움직이기 시작할 것이라고 생각하고 있었던 것 같다. 그에 대응하는 이 선생님의 곤란해 하던 표정은 지금 생각해 봐도 우스울 따름이다. "교토의 사람들은 그런 식으로는 일하지 않습니다. 당신이 생각하는 것처럼은 하지 않습니다"라고, 이 '오야분'은 필사적으로 방어하고 있었던 것이다. 오야분 · 고분이라는 단순한 관계로 교토학파를 이해하는 것은, 그때의 그 사람같이 착각을 저지르게 된다.

'다테사회' 대 '요코사회'

분명히 신세를 지기도 하고 돌봐 주기도 하는 그런 형식의 인간 관계는 얼마든지 있지만, 적어도 내 경우 그것은 늘 복수이다. 평생 잊을 수 없는 은혜를 느끼고 있는 사람들이 몇 명이나 있고, 그렇기 때문에 몇 명의 사람들에게는 내가 돌봐 줄 것을 아끼지 않으려고 하고 있다. 한 사람의 상대방에 대해서 내가 일방적으로 충절을 다한다는 우스꽝스런 관계는 없으며, 또한 상대방도 그것을 기대하고 있지 않다. 같은 식으로 내가 어느 정도 돌봐 준 사람들에 대해서도, 나 자신이 오야분처럼 행동하자는 기분은 추호도 없으며, 그런 짓을 해서는 오히려 조소거리가 되고 말 것이라고 생각한다.

요컨대, 그런 점에서 우선 나는 나카네 씨가 말하는 종적인 결합, 즉 상하 관계만이 차례로 밑으로 향해 가지가 뻗어 나가는, 저변이 없는 삼각형을 쌓아 올린 피라미드적인 인간 관계 속에 나는 살고 있지 않다는 것이다. 또 연공서열같이 연장자가 나이가 위라는 이유만으로 존경받는다는 것도 반드시 확립되어 있는 것은 아니다. 분명히 말해 두지만 노인을 돌보는 것이나, 은혜를 받은 사람에게 보답하려는 마음은 분명히 있다. 그러나 오히려 나이가 어린 사람들이라도 뛰어난 점은 훌륭하다고 평가하는 것이 당연하지 않은가.

사적인 입장에서 언급해 왔지만, 실은 나의 주변을 둘러보면 대학의 나카마나 그 이외의 지인 대부분도 이러한 나의 생각과 별로 차이가 없다. 즉, 다테사회적이지 않은 인간 관계의 쪽이 훨씬 일반적인 것같이 생각된다. 이것은 간사이 지방에 살고 있는 자로서 꽤 강하게 실감하고 있다. 물론, 간사이 · 간토란 분류는 극히 막연하다. 간사이에서도 권세주의의 화신 같은 사람들도 있을 것이고, 고분의 수를 자랑으로 여기는 사람도 있을 것이다. 일본 최대의 야쿠자 조직은 간사이의 야마구치구미(山口組)이다. 다도(茶道) · 화도(華道) 등의 전통을 계승하는 집안도 간사이 쪽이 많다. 거기에서 다테사회적 인간 관계의 피라미드를 볼 수 있다. 또 반대로 도쿄에서도 다테사회적 조직에 속하지 않든가 혹은 속할 수 없는 사람들도 적지 않음에 틀림없다.

이 책의 서두에 논술한 '아는 사이'가 미치는 효용은, 어느 면에서는 간토 쪽이 강하다고 생각되는 단서가 있다. 예를 들면, 뭔가 문제가 있어 연고를 찾을 때 아는 사이라는 것이 효과를 나타낸다. 항간의 아저씨라도, "나는 정치가인 ○○를 알고 있는데, 괜찮다면 주선해 줄까?"라고 한다. 사실, 그것이 취직이나 결혼이나 혹은 분쟁의 해결 등에 의외로 효과를 볼 때가 있는 것 같다. 자신은 누구와 아는 사이라는 것이 오히려 도쿄에서는 크게 도움이 된다. 얼굴이 알려지는 것이 중개인의 제1조건이고, 중개인의 활약무대는 도쿄이다. 네트워크를 구성해서, 그 상호부조의 능력이 무조건 · 미숙련 노동자를 비롯해 많은 유동적인 도시 인구를 떠받치고 있는 것처럼 보이는 것이다. 도쿄의 천만 명에 이르는 사람들이 한 사람처럼 행동을 같이하는 것은 아니다. 몇 개의 한정된 연고에 의해 얽힌 세계에 각자가 살고 있다. 그 기본이 되고 있는 것은 향우나 동창이란 계기에 의한 요코사회적 연대인 것처럼 생각되는 것이다.

결국, 다테사회적 집단 결성은 이러한 서민의 것은 아니고, 대기업이나 중앙 관청, 혹은 강좌제가 확실히 남아 있는 대학 같은, 말하자면 엘리트층에게 보다 더 인정되는 것은 아닐까. 나카네 이론의 사회구조는 이 권세가 있는 엘리트에 들어맞는 것이며, 그대로 일본 전체를 대변하는 것으로 보는 견해에는 왠지 나는 저항을 느끼게 된다.

상하 관계의 두 가지 측면

그러면 나카네 이론은 틀린 것일까. 나는 그렇지는 않다고 생각한다. 그 이론이 분명히 한 것은, 메이지 유신 이후 근대 일본이 성립해 가는 과정에서 중요한 역할을 다해 온 무사 · 농민층의 하위 문화 및 그것을 기반으로 하여 태어난 근대 일본의 국민 문화의 사회구조였다고 나는 생각한다.

무가가 가지는 다테사회성은 관료 제도로 계승되었고, 그 법도였던 가족주의, 즉 일가주의(一家主義)는 앞에서도 언급한 것처럼 민법으로서 가족 제도에 계승되어, 기업이나 기업연합으로서의 재벌 등의 조직에도 계승되었다. '이에(家)'의 모델, '집안'의 모델이 널리 여러 집단에 채용되어, 마침내는 일억 인구를 하나의 가족구성원으로 가정하는 내셔널리즘을 만들어 냈다. 그러한 측면에 주의하면, 나카네 이론이 말하는 다테사회는 분명히 존재하고 그 이론의 정당성도 확인할 수 있다.

단지 일본 사회는 그것만은 아니었다. 장인 기질의 예술성이나, 권력의 뒤를 파헤치면서 고도의 문화 보호자였던 상인들의 세계도 또한 계속 존재해 왔다. 그것은 중세 이래의 전통을 가진 도시 상인들의 전통이라고 볼 수 있을 것이다. 그 전통은 무사·농민의 전통에 비교하면 오히려 중국·인도나, 유럽 부르주아의 전통과 비슷하다고 말할 수 있을 것이다. 에도에서도 상인인 조닌(町人)의 전통은, 오히려 이 가미가타(上方 : 교토 부근의 간사이 지방)의 전통 이상으로, 자유롭고 활달했었다고 말할 수 있을지도 모른다. 그것은 삿초(薩長)[17]를 선두로 하는 근대 일본의 개척자들의 다테사회적 명분과 권세주의 앞에, 잠시 숨을 죽이지 않을 수는 없었을 것이다.

이렇게 보면, 우리들은 일본 사회의 사회 관계, 특히 그 상하 관계를 생각할 경우에는, 두 가지 측면을 모아서 생각할 필요가 있음을 깨닫게 된다. 첫째로는 나카네 씨가 말하는 '다테사회적'인 상하 관계 오야분·고분, 게다가 그 고분이란 수직 관계. 이것에 관해서는 나카네 지에 씨의 분석이 뛰어난 성과를 나타내고 있다. 둘째로는, 오히려 나카네의 이론에서 벗어난 장에서 인정되는, 말하자면 요코사회에서의 상하 관계이다. 이 점에 관해서

17) 지금의 가고시마(鹿兒島)현과 야마구치현을 가리킴.

잠시 고찰해 보기로 하자. 그러기 위해서 이야기를 다시 한 번 나카마로 돌리지 않으면 안 된다.

5. 나카마와 리더

대등 · 평등의 원칙

나카마 관계란 원래 대등 · 평등의 원칙이 전제되어 있다. 연령과 성별, 혹은 경험의 차이 등에 의해 나카마 사이에도 자연히 서열이 생기지만, 그것은 어디까지나 자연스럽게 생기는 것이고 나카마가 가지고 있는 대등의 원칙을 깨는 것은 아니다. 만약 그곳에 불평등한 상하 관계가 개입되어 균형을 잃게 되면 나카마 관계는 곧 해체되고 말 것이다. 그러나 실제로 존재하는 나카마 관계는 그렇게 단순히 대등하거나 평등하다고만 할 수 없는 부분이 있다. 예를 들면 직장의 나카마는 원래 회사의 조직으로서 과장, 계장 등의 서열이 있고, 또 각자에게 부과된 직무 분담이 있다. 나카마끼리는 그 조직 위에서 어디까지나 평등하게 있고 싶어도, 이 조직의 영향을 전혀 받지 않고 나카마끼리 서로 교제할 수 있다는 것은 실제로는 오히려 어려운 일일 것이다.

스포츠나 게임 동호인의 모임과 같은 경우에는 반드시 능숙한 사람과 그렇지 못한 사람이 섞여 우열의 차가 생기는 것도 부정할 수는 없다. 마작 같은 것은 운이 있어 어느 정도의 평균화를 가능케 하지만, 그렇다 하더라도 기술이 좋은가 나쁜가에 따라 결정적인 차이가 난다. 어떤 종류의 나카마라도 그 구성원 사이에는 개인차가 존재한다. 개인의 성격차나 능력의 차이가 당연히 포함되어 있다고 말해도 좋다. 오히려 나카마는 그런 개인의 성격이나 능력의 차이 때문에 보다 더 재미있는 교제의 장이 형성되는 경우가 많다. 무개성적인 도토리 키 재기 식의 모임에서는 재미있는 나카마가 되기는 어려울 것이다.

그렇게 되면 원래는 대등 · 평등의 원칙에 의해 성립되는 나카마 집단에, 자연히 리더 · 추종자의 관계가 발생하더라도 결코 이상한 것은 아니다. 사실 어떤 나카마의 경우라도 중심적인 존재가 되는 사람이 있고, 그것을 돕는 사람이 있다. 중심적 존재가 복수인 경우도 있지만, 어느쪽이든 나카마 집단에는 리더십이 인정된다. 이 리더십은 어디까지나 나카마의 평등성을 전제로 하면서 자연발생적으로 형성되는 사실에 주의해 두고 싶다. 때문에 그것은 반드시 제도상의 상사나 부하라고 하는 관계를 투영하는 것은 아니다. 인망 있는 과장이나 계장은 그 부하들이 리더로 떠받드는 경우가 많을 것이고, 인기가 없는 사람이라면 입장상의 상사라도 사람들은 나카마의 리더로는 인정하지 않는다. 이것은 취미상의 모임인 경우라도 마찬가지로서, 기능이 뛰어난 사람이 반드시 리더가 되는 것은 아니라는 것이다.

자연발생적인 리더

일본원숭이의 사회구조를 연구하는 학자들은 그 무리 안에서 리더가 생기는 과정에 대해서 대단히 흥미로운 관찰을 하고 있다. 우선 리더는 어린 원숭이들의 놀이 나카마로부터 생겨나온다. 그것은 결코 힘이 센 원숭이가 리더가 되는, 그런 단순한 것은 아닌 듯하다. 긴 시간 함께 노는 동안에 점차 여러 가지 능력이 종합적으로 어우러져 그 결과로써 서열이 결정된다고 한다. 말하자면 대등하고 평등한 교제가 이루어지는 사이에 자연히 인정받게 되는 덕망—인간이라면 인덕이라고 할 만한—이 집단 안의 리더를 결정해 가는 것 같다. 잘 알려져 있는 것처럼 일본원숭이의 무리 사회에는 확실한 개체간의 우열 관계—상하의 서열이 있어서 상위 원숭이가 먼저 음식물을 먹고, 상하의 지위를 확인하는 마운팅이라는 의례적 행동이 있다. 상위의 원숭이가 하위의 원숭이의 등에 껑충 뛰어오르는 행위를 하는 것이다.

이것은 원숭이 사회의 관찰 결과이지만, 인간의 나카마 집단의 리더도 결국 능력이나 지혜나 외부로부터 주어진 역할 등에 의해 생겨나는 것은 아닌 듯하다. 오히려 긴 시간 나카마와의 교제 속에서 종합적인 점수가 붙어, 자연발생적으로 어떤 사람이 리더가 되어 가는 것이지 결코 되고 싶다고 리더가 되는 것은 아니다. 인덕, 인망이라는 것은 단순한 능력 판정 등으로 가늠할 수 있는 것은 아니라는 것이다. 그 점은 원숭이 사회 이래의 영장류의 전통이었다고도 말할 수 있다. 요컨대, 그런 리더십은 동물 사회로부터 쭉 계승되어 온 사회적 다이내믹스와 어딘가 그 근저에서 관련되어 있다고 여겨지는 것이다.

일본의 지역 사회 리더, 요컨대 마을의 구장이라 불리는 사람들이나 촌장들 중에는 이러한 종합적 평가에 의해 선출되었다고 생각되는 자연발생적인 리더가 있었던 것이다. 대부분이 온화한 사람이지만, 품격이 있고 또 만일의 경우에는 놀랄 만한 식견을 보이면서 사람들을 이끌어 가는 능력이 있는 것이었다. 자기 선전이나 당파의 추대에 의해 입후보한 지방자치제의 장 등은, 각각 매력은 있다고 하더라도 이미 자연발생적인 리더의 모습은 아니다.

어느 직장의 조직으로서, 때맞춰 과장이나 계장으로 임명된 사람은 어느 의미에서는 불행한 입장에 있다고도 말할 수 있다. 그 역할은 리더십이 요구되지만, 그를 임명한 것은 상사이지 부서의 하급자들은 아니다. 그 때문에 자연발생적인 리더같이 부드러운 나카마 관계를 직장에서 만들기 어렵다. 하지만, 원래의 나카마 안에서 누군가가 납득할 수 있는 듯한 인선의 결과로써 승진한 과장이나 계장이라면, 자연발생적 리더로서의 소질이 있기 때문에 일하기 쉬울 것이다. 그러나 역으로 위로부터의 명령이나 방침과 동료의 공통 이해와의 사이에서 진퇴양난이 되어 오히려 고생할 수도 있다. 중간 관리직의 비애이다. 가장 불행하면서도 우스운 것은 무능하고 인망이 없는 사람이 어쩌다 리더의 지위에 오른 경우이다. 아무리 열심히 하더라도 나카마의 지지가 없는 한, 직장은 메마른 비인간적인 장소가 되어 버리고 리더는 불쌍한 존재가 되어 버린다. 요컨대, 나카마 집단과 리더십의 관계를 보면 나카마의 리더는 자연히 생겨나는 것이고, 자연발생적이 아닌 경우는 제대로 잘 되지 않는다는 것은 분명하다. 이 부분을 염두에 두고 있는지 여부가 인사(人事)의 시비를 좌우하고, 나아가서는 기업체 전체의 사기와도 관계되는 것이다.

Ⅲ. 기능주의와 나카마

1. 인간다운 관계
2. 기능주의의 '함정'
3. 기능주의를 초월한 우정
4. 적인가 아군인가
5. 조직에서의 나카마와 경계

1. 인간다운 관계

인사와 인간 관계

옛날 시골 우체국 등에서는, 무엇인가 볼일로 찾아온 사람이 우선 천천히 인사를 주고받고, 서로 아는 이 사람 저 사람에 대한 소문을 한차례 교환하며 즐긴 후, 서서히 용건을 꺼내는 것이 보통이었다. 엽서를 한 장 사러 온 사람이라도 마찬가지였다.

아프리카의 시골에서 나는 매우 정중한 일상의 인사를 경험했다. 서아프리카 마리공화국의 반바라족의 이야기이다. 아침에 마을사람끼리 만나면, 정중한 인사가 반드시 시작된다.

- 당신은 안녕하신지요.
- 좋습니다. 감사합니다.
- 사모님은 안녕하신지요.
- 좋습니다. 감사합니다.
- 아이들은 어떻습니까.
- 잘 지냅니다. 감사합니다.

- 아버님은 안녕하신지요.
- 잘 지내시고 계십니다. 감사합니다.
- 어머님은 안녕하신지요.
- 잘 지내시고 계십니다. 감사합니다.

이런 대화가 계속해서 이어진다. 상대방의 가족 전부에 관해서 묻고 그것에 대해 일일이 정중하게 대답한다. 마치 운(韻)을 단 노래를 두 사람이 번갈아 가며 노래하고 있는 것같이 들린다. 이윽고 한쪽이 다른 쪽의 가족에 대해서 인사를 마치게 되면, 이번에는 지금까지 인사를 받았던 쪽이 똑같이 안부를 묻기 시작한다. 이것에도 일일이 "좋습니다. 감사합니다"가 반복된다는 것이다. 한차례 이러한 인사가 끝날 때까지 어떤 용건도 꺼낼 수가 없다. 매일 얼굴을 대면하는 이웃끼리도 이것이 반복된다. 동아프리카 탄자니아의 이라크족에서도 특별한 경험을 했다. 그곳에서는 타인의 집을 방문했을 때, 서슴없이 함부로 들어가지 않는 것이 예의이다. 사람들은 옥외에서 일단 잠시 머무르든가, 앉아서 가족이 말을 걸어 오기를 기다린다. 이것은 어떤 긴급한 경우라도 필요 예의인 것 같고, 환자가 의사를 방문해도 같은 식으로 가만히 기다리고 있는 것을 본 적도 있었다.

이러한 서두르지 않는 태도는 '근대적'인 일본인에게는 견딜 수 없을 것이다. 근대적 합리주의라는 입장에서의 이상적인 인간관계는 필요 최소한의 접촉에 의해 능률적으로 목적을 달성하는 것을 의미할 것이다. 소위 사무적이라고 하는 것이다.

'전략(前略)'과 '도모(どうも)'

바빠지고 성급해진 일본인은 일상에서, 이 점만이 점점 발달하는 것처럼 보인다. 적절한 인사 등은 생략한 채 용건부터 말하기 시작한다. 편지도 '전략'으로 시작하는 것이 많다. 무엇을 생략하는지도 모르고, 편지란 처음에 '전략'이라고 쓰는 것이라고 생각하는 사람도 그중에는 있을지도 모른다. 지금 우리들이 가장 많이 사용하는 인사말은 아마 '도모'일 것이다. 처음 대면하는 사이에도, 아침이나 저녁에도, 축하나 문상을 하러 가도 '도모'는 만능이다. 인사를 할 때나 거절을 할 때, 혹은 사죄의 경우조차도 '도모'로 끝내 버린다. 가장 능률적 · 기능적인 말이기 때문에 자주 사용된다고 해도 좋을 것이다. 이 '도모'에 대해서는, 이미 뛰어난 지적이 있다(林屋辰三郎 , 『일본인의 지혜』, 中央公論社). 그 책에서는 그 다의성과 편리함을 평가하고 있다.

아프리카에서 보여 준 인사의 정중함은 감동적이었지만 비능률적이라는 것은 피할 수 없다. 생각해 보면 이것은 아프리카만의 이야기는 아니다. 우리들의 신변에도 격식을 차려서 인사를 해야 할 일은 상황에 따라 많다. 우리들은 그런 것에 익숙해져 있기 때문에 오히려 특별히 깨닫지 않을 뿐이다. 우리들은 네팔인 존 씨가 말하는 인사 문화 중에서 살고 있는 것이다.

스스로 생각해 보더라도 인사 문화는 분별력이 있을 무렵부터 경험하기 시작했다. 어머니나 숙모들이 몇 번이나 머리를 숙이면서 긴 인사를 주고받는 것을 바로 옆에서 보고 있으니, "자, 너도 인사를 해야지"라는 주문에, 보고 흉내내는 가운데 저절로 터득

해서 머리를 숙인다고 하는, 그런 반복 속에서 우리들은 성장하고 있는 것이다. 그러나 다른 한편으로는 "인사하는 방법도 모르는" 사람들이 늘어나고 있는 것도 사실이고, 또 인사를 빼고서도 일이 진행되는 것 같은 상황이 일상생활 속에서 많아지고 있는 것도 사실이다. 일일이 인사를 하고 버스를 타고 내릴 수는 없지 않겠는가. 오늘날의 인간 관계는 어느 의미에서는 전통적인 인사 문화로부터 벗어난, 근대적 · 합리적 · 능률적 · 기능적이라는 방향으로 싫든 좋든 기울어지고 있다. 그것이 현명한 행동으로서 평가받는 것은 분명할 것이다.

인간 관계에서 중요한 것

물론 현대생활에서 이러한 지혜는 필요하다. 그러나 근대적 · 합리적 · 능률적 · 기능적이란 방향으로 인간 관계가 기우는 것이 한편으로는 우리들의 인간 관계로부터 중요한 것을 탈락시켜, 우리들 자신의 인간다움을 퇴화시키고 있는 면이 없지는 않을까.

예를 들면, 글은 읽을 수만 있으면 좋고 말은 쓰기에 부족함이 없으면 좋다는 생각은 하나의 기능주의적 합리성일 것이다. 그러나 이것은 문자나 언어에서 최소한의 필요 조건이고, 그것만을 위해서 문자나 언어가 존재하는 것은 아니다. 아프리카의 아침 인사처럼, 의례화된 행동 양식으로 인해 파생되는 번거로움을 지금 일본인에게 요구하는 것은 물론 아니다. 그러나 그 율동적이고 정중한 인사를 듣고 있으면, 나는 그 의례적 회화가 나타내는, 무어라 말할 수 없는 따뜻한 마음이 서로 통한다는 소중함을 다시 한 번 깨닫게 되는 것이다.

일본인에게는 원래 이 아프리카의 아침 인사와 비슷한, 의례적인 표현을 수반하는 인간 관계가 있었다. 집단가족이나 동료 사이뿐만 아니라 사회 전반에 대해서도 그것이 통용되었다. 그것은 한편으로는 번거로움을 동반하였지만 인간 관계를 밀착시키는 것이었다고 말할 수 있다. 근대 백 년 사이에 일본인은 그것에서 탈피하여 더욱더 삭막한, 기능적인 관계로 바꾸려고 노력해 온 것 같다. 그러나 그로 인해 잃어버린 것도 적지 않다. 오랜 해외생활을 한 어느 대학 명예교수의 일을 나는 생각한다. 선생님은 어느 날 "나는 인간 관계를 기능적으로 처리하고 있다. 필요에 따라서 팀을 조직하지만, 필요가 없어지면 교제를 그만둔다"라고 말씀하셨다. 벌써 십수 년 전의 이야기이다. 나는 선생님의 이러한 생활신조에 그때는 강하게 감동하여서 선생님의 말씀을 십 년 이상이나 기억하고 있는 것이다. 기능적이라고 하는 것은 바꿔 말하면 그 역할에 맞추어서 그 범위 내에서 행동하고, 인간으로서의 교제도 그 필요 한도 내에서 머무르는 것이라고 할 수 있다. 그것을 나는 대단히 떳떳한 생활 태도라고 생각했던 것이다.

그러나 지금에 와서 다시 생각해 보면 그 선생님의 기능주의적인 생활 태도가 과연 그것만으로 좋았던 것일까 하는 의문이 생긴다. 선생님은 후진들을 잘 보살펴 주셔서 많은 사람이 지금 제일선에서 활약하고 있다. 그러나 선생님은 그 누구와도 영속적인 팀을 만드는 것을 피하셨던 것처럼 여겨진다. 그 때문에 선생님에게는 소위 문하생 제자가 없고, 선생님을 중심으로 하는 학파도 끝내 생겨나지 않았다. 요컨대, 선생님을 둘러싼 '나카마'는 결국 성립하지 않았던 것이다. 이것은 능력이 있으신 선생님 자신에게는 대수롭지 않은 일일지도 모르지만, 나를 포함해서 선생님의 도움을 받은 사람으로서는 조금 괴로운 일이다. 요컨대 은혜를 갚을 길이 없는 일종의 초조함을 부정할 수 없는 것이다. 이것은 선생님에게 다소나마 신세를 진 사람이라면 어느 정도 공통으로 느끼는 기분일 거라고 생각한다. 그 선생님만의 이야기는 아니다.

일본 근대화의 움직임 속에서, 이러한 기능주의를 지향하는 인간 관계가 점점 추구되었다. 선생님은 그런 면을 지향하는 일본인의 한 사람에 지나지 않는다. 역할과 역할의 상호 관계에 살아 있는 인간을 가두어 버리려고 하는 것은, 실제로는 불가능할 텐데 '근대'는 그것을 추구했던 것이다. 그 결과 매우 딱딱하고 삭막한 인간 관계가 가장 좋다고 하는 착각에 사로잡혀, 그로부터 벗어날 수 없게 되어 버린 측면도 있다.

나카마를 사회학적인 용어로 분류한다면, 기능 집단이라든가 목적 집단이라고 하는 말이 적용될 것이다. 그러나 어떤 기능을 다하기 위해, 혹은 어떤 목적을 공통으로 추구하기 위한 곳에 나카마를 가두어 버리면, 나카마라고 하는 드물게 좋은 일본어의 뉘앙스를 잃어버리게 될 것이다. 그것이 피와 눈물이 있는 인간 연대의 기초가 되는 것은, 그곳에 인간다운 관계가 있기 때문이라고 말해도 좋다.

인간이 정말로 곤란할 때, 괴로워할 때, 그것을 동정하고 서로 도울 수 있는 것이 나카마이다. 희로애락을 서로 나누어 가질 수 있는 것이 나카마끼리의 특권이 아니겠는가. 그런 의미에서 나카마는 '근대화' 속에서 잃어버렸던, 인간다운 관계를 회복하기 위한, 하나의 커다란 근거가 된다고 해도 좋지 않을까. 무엇보다도 기능주의가 '근대화' 속에서 존중되어 온 배경에는, 그런 효율을 전제로 하지 않으면 복잡한 사회에서, 서로가 타인 속에서 살아가기 어렵다는 사정이 있었다는 것도 인정하지 않으면 안 된다.

기계적 교제

현대의 일상생활은 옛날 마을 안에서의 생활처럼, 서로 아는 사이인 것만으로 영위되지 않는다. 타인과 틀에 박힌 인사는 쌀쌀맞은 것이 된다. 앞에서 소개한 아프리카 마을의 인사도 낯선 나라에서 방문한 우리들에게는 처음에는 그렇게 하지 않았다. 단지 그 마을을 방문한 우리들은 남자만 둘이 함께 갔었기 때문에 인사 내용도 간단히 해결됐다. 그런데 정확한 인사법에 익숙해지기 시작했을 무렵에는 우리들은 마을을 떠나지 않으면 안 되었다.

타인과 교제할 경우, 인사를 생략하는 상황이 많다. 역에서 표를 사고 개찰구를 통과한다. 역에서 표를 팔거나 개찰구에 있는 사람들은 표를 주고 표에 구멍을 뚫기만 하면 누구라도 좋다. 그 때문에 오늘날에는 기계가 인간을 대신해서 표의 자동판매기나 무인 기계 개찰이 늘어나기 시작했다. 요컨대 그것으로 족한 것이다. 한동안 익숙하지 않아 어색하지만 바로 잘 적응하게 된다.

얼굴을 서로 아는 담배 가게의 아가씨가 없어지고, 담배 자동판매기가 들어서는 것은 조금 섭섭하기는 하지만 그다지 불편한 것은 없다. 사무적으로 끝내고 싶을 때에 일일이 적절한 인사를 해야 하는 것은 오히려 번거롭다. 소나기가 내릴 때 우산을 빌려주는 것을, 담배 자동판매기는 해 줄 수 없지만, 국철의 무뚝뚝한 개찰 등은 자동화하는 편이 산뜻할 것이다. 우편이나 신문도 그렇다. 지금은 아직도 사람이 우리들 가정에 배달한다. 그래서 "감사합니다"라든지 "수고하십니다"라고 하면서 맞이한다. 그러나 기술이 진보하여 자동적으로 우편물이나 신문이 도착하더라도 이상한 것은 아니다. 이것도 또 타인과의 기계적 교제에 지나지 않기 때문이다. 세무서 · 경찰 · 그 외에 여러 가지 공공기관이나 관공서에서도, 그것이 일상생활에서 불가결한 것이라고는 하나 기계적인, 타인과의 교제밖에 하지 않는 것이 보통이다. 오히려 기계로 바꾸어 가는 편이 능률적이고 정확하게 되는 부분도 있을 것이다.

물건을 사고 판다고 하는, 오늘날 살아가는 데 빠뜨릴 수 없는 경제적 행동도, 타인끼리의 기계적 교제로서 이루어진다. 물론 얼굴을 아는, 그만큼 신용할 수 있는 가게와 그렇지 않은 곳 — 교토식으로 말하자면, 처음 온 손님의 경우에는, 파는 사람과 사는 사람의 관계에서 차이가 있다. 그러나 매매 그 자체로는 파는 사람과 사는 사람이라고 하는 기계적인 역할의 관계로서 성립되는 것에 변함이 없다.

인간다움

하지만 그런 단순한 결론만으로 좋을지 여부는 문제가 남는다. 통산성이 실험적으로 개발한, 완전자동식 슈퍼마켓은 그 평판이 나빠서 결국 폐점되었다는 이야기가 신문에 소개되었다. 능률적이기는 해도 가게 사람과 이야기하기도 하고, 이것저것 상품을 손으로 만져 보기도 하는 즐거움이 없기 때문이라고 한다. 요컨대 상업이라는 행위에는, 기계로 바꿔 버릴 수 없는 무엇인가가 사람과 사람의 관계 위에 있는 것 같다. 거기에는 우리들의 도식에 따라서 말하자면, 단순한 타인끼리는 아니고 서로 아는 사이의 요소가 더해지고 있다. 게다가 나카마적인 의식도 생겨나는 것은 아닐까. 상거래상의 신용은 그러한 인간 관계 위에 생겨나는 것이다. 그것은 타인끼리의 기계적인 관계는 아니다. 교토의 직물이나 염색 등 소위 전통산업에서는, 거래처가 거의 고정되어 오랫동안 계속되고 있는 경우가 있다고 한다. 요컨대 새로운 시장 개척 등은 전혀 하지 않는다. 어느 정해진 수의 단골 거래처와 오랜 거래만을 되풀이하는 것이다. 그래도 경기에 따라 거래액은 증감하기 때문에, 이익이 큰 해와 적은 해는 생기게 마련이고 그 나름대로 파란이 있는 것 같다. 상품이 정해진 전통적인 평가를 지닌 것으로, 그 제조 · 유통의 경로가 복잡한 시스템으로 되어 있는 경우, 그 시스템의 톱니바퀴의 일부분인 도매상 등은, 차라리 이 편이 견실할 것이다. 새로운 상품을 만들어 그 시장을 개척해 가는 기업과 비교해서 너무나 보수적으로 생각될지는 모르지만, 이 방식이라면 위험 부담은 적고 확실히 이익이 있다. 수백

년 상업의 역사 속에서 만들어진 중소기업들의 체인〔連鎖〕이 전체로서 안정되기 위해서 이것은 하나의 귀결점일지도 모른다. 이렇게 되면, 매매도 이미 타인끼리의 관계가 아니고, 나카마라는 영속적인 인간 관계의 누적 위에서 존재한다고 말할 수 있을 것이다. 그것을 역할이나 기능으로 분석하여 해석해 보아도 설명할 수 없는 부분이 남는 것이다.

우리들 생활의 상당 부분이 기계적인, 타인끼리의 관계 속에서 영위되고 있음은 인정해도 좋다. 그러나 타인끼리의 관계에도 서로 인간이고, 서로 이야기하면 알 것이라는 전제가 있기 때문에 관계는 성립한다. 그 전제가 잊혀지면 타인끼리의 관계는 극히 험악한 것이 되어 버린다. 인간은 머릿수로 취급될 때에 가장 비인간적이라고 생각하는 것은 아닐까. 전쟁의 소집 영장은 그 좋은 예일 것이다. 영장은 개성 있는 인간에게 발급되는 것이 아니고, 필요한 병사를 보충하기 위한 것이었다. 단순 노동이 주로 반복되는 직장 등에는 지금도 그런 인간의 머릿수 취급, 기계적 취급이 결코 적지 않게 이루어지고 있는 것은 아닐까.

현대생활은 많은 타인과의 기계적 교제를 필요로 한다. 또 기계적 취급을 받는 경우도 적지 않다. 교차로를 건널 때, 우리들은 교통정리를 하는 경찰과 기계적 교제를 하고 있다. 경찰이 신호등을 대신해도 같은 것이다. 그곳에는 법칙에 따라서 주문대로 행동할 수밖에 없다. 타인과의 기계적 교제는 원래 어딘가 인간다움을 잃어버리는 경향을 갖고 있지만, 그렇다 하더라도 교제를 그만둘 수는 없는 것이다.

2. 기능주의의 '함정'

비합리적인 면

기능주의는 '존재를 어떠한 실체로 생각하지 않고, 그것을 단지 그 기능만으로 보려고 하는 인식론상 · 방법론상의 입장'이라고 한다. 혹은 '건축학상, 건축 · 가구 등의 형태 · 구조 등이 오로지 그것이 갖는 기능에 따라 설계되지 않으면 안 된다고 하는 입장'이라고도 이야기한다. 이 두 가지는 모두 『고지엔(廣辭苑)』의 정의이다.

사회학이나 문화인류학에서도 그 방법론의 하나로서 기능주의라는 말이 자주 사용된다. 구조라는 단어를 세트로 하여 구조 · 기능주의라고도 한다. 말리노브스키의 학설은 자주 소개되고 있고, 래드클리프브라운의 『미개사회에서의 구조와 기능』은, 이 입장의 대표적 논문집 중 하나이다. 그 흐름은 에밀 뒤르켐까지 거슬러 올라갈 수 있다. 그러나 여기서는 이 용어의 검토나 그런 학설까지 다룰 수 없다. 여기에서 지적하고 싶은 것은 기능주의적인 사고방식이 일반적으로 보다 넓게 받아들여지고, 그것만이 합리적 · 근대적 · 과학적이라는 믿음이 있었다는 점이다. 우리들은 그러한 믿음에 자칫하면 빠져들지도 모른다. 거기에 함정이 있는 것이다.

예를 들면, 인간 관계를 단순히 역할로 잘라 버리는 것은 이 함정에 빠져 버린 탓이다. 사회는 자본가와 노동자, 두 종류의 인간으로 되어 있다든가, 회사는 경영자와 사용자로 구성된다는 견해는 사람들을 그 역할로 파악하여 그 상호 관계로부터 보는 견해이다.

실제로는 여러 가지 개성을 가진 사람들이 있는데, 그 개성을 파악하지 않고 직위만으로 파악해 버리는 것은 깔끔하게 관계를 설명할 수 있다 하더라도 중요한 것을 간과해 버릴 수도 있다. 인간은 실로 복잡한 존재로서 어느 역할만을 기계적으로 완수하는 것은 아니다. 인간은 때로는 경제적인 계산을 도외시하는 일도 한다. 어쩔 수 없는 행동 등이 대개 그런 경우일 것이다. 기능주의는 바로 그런 인간의 비합리적인 면을 잊어버리는 것이다.

'근대화'의 물결에 휩싸였던 우리들의 생활에는, 지금도 기능주의가 큰 활개를 치며 버젓이 통용되는 곳이 많다. 기능주의에 대한 두 번째 정의는 그것이 매우 두드러진다. 기계나 도구 같은 종류는, 각각의 목적에 맞는 기능만 다하면 좋다는 것으로, 디자인에도 기능주의가 통용된다. 확실히 사용하기 좋은 식기라든가 비행기의 조종실처럼, 기능적인 세련이 아름답게 여겨지는 것도 있다. 그러나 집 같은 경우는 인간이 살 수만 있으면 좋다는 식으로, 무표정한 사각 콘크리트 덩어리를 늘어놓은 것 같은 단지(團地) 등에, 인간이 진정 만족할 수 있을지는 의문이다.

인간 관계를 기능주의만으로 규정해 버리면 일견 쾌적해 보여도 어색한 일이 발생한다. 그 좋은 예는 전화 사용법에서 찾아볼 수 있을 것이다. 신입사원 훈련 때 트레이너가 무엇보다도 고심하는 것은 전화 거는 방법이라고 한다. 전화의 응답은 그 기업의 이미지를 결정해 버릴 수도 있다. 특히 서비스업이나 상업에서 그것은 결정적이다. 그 때문에 전화 거는 법이 중시되는 것은 무리가 아니라고 생각한다. 무엇보다도 만약 그 훈련이 단지 언어 사용법만의 문제라면 이것은 평범한 예의범절을 가르치는 문제이고, 대부분의 사람들은 곧 숙달된다. 원래 능률을 향상시키기 위한 커뮤니케이션의 수단이니까 과잉 친절 등은 오히려 무의미하다고 말할 수 있을 것이다. 문제는 전화로 맺어지는 인간 관계의 모습이다. 거기에는 엄청난 착각이 있는 경우가 적지 않다.

흔히 '전화 한 통화의 사업'이란 것이 있다. 주식이나 상품 시장의 거래 등은 그 전형일 것이다. 여행업자나 요리를 만들어 배달하는 요리집 등도, 대부분 전화가 최대의 영업 도구이다. 전화로 주문 받는 것으로부터 비즈니스가 시작되기 때문이다. 그러나 조금 생각해 볼 필요가 있다. 전화 한 통화로 영업이 성립되고 있다는 것은, 정말 전화기라는 기계의 편리함에 의한 것일까. 실은 그렇게 말할 수는 없다. 그 가게가 신용할 수 있는 업자든가, 맛있는 요리를 만드는 가게라는 실적이 있어서 비로소 전화가 도움이 되는 것이 아닐까. 요컨대 '전화 한 통화'의 배경에는 큰 신용이 뒷받침되고 있다. 이 신용 없이는 전화는 아무런 쓸모가 없다. 이 신용은 어떻게 만들어진 것일까. 그것은 전화 같은 기계에 의지하지 않고, 문자 그대로 얼굴과 얼굴을 마주침으로써 축적된 것이 아닐까.

나카마이기 때문에 전화가 효과 있다

전화기는 다이얼만 돌리면 상대방을 불러낼 수 있는 참으로 기능적이고 편리한 도구이다. 움직이지 않고 지구의 반대쪽 사람과도 대화를 나눌 수 있다는 그 편리함은 좀처럼 비할 데 없는 것이다. 기능주의 관점에서 보면 정말 제대로 된 커뮤니케이션의 수단이다.

그러나 전화기로 서로 대화를 나누는 것은, 양쪽 다 사람이지 일방 통행의 기계가 말하는 것은 아니다. 테이프에 녹음되어 있는 일기 예보나 시간 정보 등은 다만 정보를 일방적으로 흘려 보내기만 하면 되니까, 특별히 언급할 것은 없다. 그러나 상대와 대화를 하게 되면, 그것은 어떤 기계를 사용하든지 사람 사이의 관계가 거기에 있다. 그것은 서로의 인지와 신뢰가 무엇보다도 전제가 된다. 그 점을 잊어버리면 전화의 기능주의는 마이너스로 작용한다.

커뮤니케이션론의 야마모토(山本明) 씨가 관공서로부터의 전화 등에서 "여기는 교토 시입니다"라고 말하면 "묘한 기분이 든다"라고 한다. 시나 대학이나 세무서가 부서의 이름을 대면서 얘기한다고 생각하면, 이상한 느낌이 안 드는 것도 아니다. "여기는 ××과입니다"라는 전화와 "여기는 ××과의 ○○입니다"라는 전화와는, 실은 이야기하고 있는 내용이 꽤 다르다는 것이다. 전자는 정말로 사무적인 연락이지만, 후자에는 한층 개인적인 관계가 내포되어 있다. 이미 서로 아는 관계에 있는 사람들 사이에서는 전자와 같은 자기 소개는 결코 하지 않을 것이다.

물론 이토록 바쁜 세상에 전화로 용건을 끝낼 수 있으면 그보다 더 좋은 일은 없다고 생각하는 것이 사람의 마음일 것이다. 그러나 단순한 사무적인 연락이라면 몰라도 미지의 상대에게 전화로 용건을 끝낼 수 있다고 생각하는 것은 잘못된 것이다.

결론을 내리자면, 전화는 서로 아는 사람에게 거는 경우, 그 훌륭한 기능을 발휘한다. 그러나 타인에게 전화를 건다면 단순한 정보 입수 이상의 기대는 하지 않는다고 생각하는 것이 좋을 것이다. 다른 말로 하면 전화를 유용하게 활용하기 위해서는 상대와 서로 아는 사이일 필요가 있다. 전화 활용의 요령은, 상대와 면식이 있는 관계를 만들어 두는 것이라고 해도 좋다. 물론 비즈니스 사회에서는, 모르는 사람과 전화로 복잡하게 얽힌 얘기를 하는 것도 적지는 않다. 그러나 그것으로 일이 끝났다고 생각해서는 안 된다. 기회가 있으면 가능하면 한번 만나는 노력을 해 보는 것이 좋다. 항상 전화로 "실례합니다"라고 하기보다도 한번 얼굴을 익혀 두는 것이 그 후의 인간 관계를 부드럽게 하고, 전화만으로 일을 끝낼 수 있게 된다. 이것은 예상 이상의 것이라고 생각해도 좋다.

꼼짝하지 않고 일을 끝낼 수 있다는 것이 전화의 기능이다. 기능주의적 합리론은 어떠한 일이나 일부러 만나지 않고도 전화로 끝낼 수 있다면 그것으로 만족한다고 하는 것이다. 그러나 그것이 기능주의의 함정이다. 얼굴을 보이고, 쓸데없는 말이라도 한마디 해 두는 것, 그것이 전화의 기능을 충분히 살리는 전제인 것이다. 이 부분은, 말하자면 사람 마음의 미묘함이라고 해도 좋다. 전화 한 통화라 하더라도, 실은 그것을 제대로 사용하기 위해서는, 어떤 인간적 성숙을 필요로 하는 것은 아닐까. 그것은 기능주의에서는 빠져 버린 것 같다. 그러므로 전화로는 나카마에게만 의지를 전달할 수 있다고 생각해 두는 것이 일반적으로 현명하다.

3. 기능주의를 초월한 우정

끊을 수 없는 사이

수년 전에 어떤 대학의 선생님이 애인을 살해하고, 그 후에 일가족 집단자살을 한 일이 있었다. 그 주인공에게는 동정할 수 없지만, 이 사건에 연루되었던 나카마 선생님들에게는 필시 폐가 되었을 것이라고 생각한다. 그 언동이 여러 가지 소문을 낳았지만, 친구라면 때로는 나카마의 폐를 뒤집어 쓰지 않으면 안 되는 경우도 있음을 보여 주는 예이다. 사람은 누구나 나카마로부터 다소나마 곤혹스러운 경험을 당한 적이 있지는 않을까. 그래서 곤혹스러워하면서도 여전히 나카마로서 교제하고 있는 경우도 결코 적지 않을 것이다.

나카마는 한편으로는 신진대사를 하고 있다. 다시 말하면, 늘 인간 관계를 새롭게 만들 수 있고, 새로운 인간 집단이 생겨나고, 옛 관계는 잊혀지고 집단은 해체되어 간다는 것이다. 그러나 그 반면에 오래된 교제가 확실한 결합을 지속해 가는 나카마도 있다. 어떤 종류의 나카마는 평생 변하지 않는 관계를 계속 이어 간다. 옛 친구는 이 후자를 가리키고 있다. 새로운 친구와 오래된 친구,

어느 쪽이 소중한가 하고 묻는다면 오래된 쪽을 드는 사람이 많을 것이다. 신뢰 관계는 옛 친구 쪽이 훨씬 강하다. 그러나 첫 대면에서도 구면 같은 친근감을 느끼는 경우도 있어서, 그것이 또 인생의 묘미이지만 일반적으로 사람끼리의 친밀함은 그 교제의 길이에 비례하는 것 같다. 다시 말해서 연이 그만큼 깊어지는 것이다.

우리들은 나날이 많은 사람들과 교제하며 살아가고 있지만, 각자 몇 사람 정도는 연이 깊은 나카마를 갖고 있을 것이다. 그 안에서는 때때로 폐를 끼치는 사람도 있지만, 상대로부터 곤란한 일을 당하더라도 간단하게 절교해 버릴 수 없는 나카마가 있는 것이다. '미워할 수 없는 놈', '끊으려야 끊을 수 없는 사이'라는 사실을 알면서 교제하는 경우도 있을 것이다. 처음에 거론한 살인, 일가족 집단 자살사건에 말려들게 된 주변의 선생들은, 말하자면 이 끊으려야 끊을 수 없는 사이 때문에 낭패를 당한 것이다. 끊으려야 끊을 수 없는 사이는 자칫 잘못하면 큰 폐를 끼치게 되는 원인을 제공하게 될지도 모르지만, 인간 관계의 미묘함을 잘 묘사한 재미있는 말이다. 만약 유사시에 '나에게는 관계없는 것'이라고 하면서 냉소적인 입장을 취하는 그런 나카마밖에 없다면, 그 사람은 아주 불행한 사람이 아니겠는가.

기능주의적으로밖에 인간을 보지 않는 사람은 오히려 이러한 끊으려야 끊을 수 없는 사이를 근본적으로 부정해 버릴 것이다. 인간 관계는 어디까지나 인정미 없는, 계산적인 것이기 때문에 자신에게 불리하게 전개되는 듯한 관계는 아예 잘라 버리는 것이 좋다고 생각하는 것이다. 비즈니스의 세계는 비정한 경쟁의 장일 뿐이라고 믿는 '근대인'은 흔히 이러한 건조함이야말로 인생을 승리로 이끄는 길이라고 생각하는 것이다. 인간은 한편으로는 이성으로 사물을 판단하고 이해하고 계산하며 행동하지만, 동시에 감정에 의해서 그 행동이 좌우되는 동물이다. 그러한 양면성을 지닌 존재라는 것을 알고 있으면, 무미건조함만으로는 아무것도 할 수 없다는 사실 정도는 바로 알게 될 것이다.

기능주의만으로 인간 관계를 생각하면, 궁극적으로는 나카마의 존재를 부정하게 될 것이다. 인간을 역할 뭉치로 생각하여, 그 역할만으로 행동하는 것이라고 하는 사고방식으로는, 나카마는 다만 절실히 필요할 때에 그 목적에 부응해서 만들어지는, 일시적인 덧없는 결합체로밖에 보이지 않을 것이다. 나카마 가운데는 그러한 성격의 것도 있다. 그러나 그런 것만은 아니다. 멀리 떨어져 있어도 잊어버릴 수 없는 옛 친구가 있고, 또 "도대체 나는 저 녀석과 왜 이런 교제를 계속하고 있는 것인지"라고 스스로가 불가사의하게 생각하는, 그런 끊으려야 끊을 수 없는 사이도 있다는 것을 결코 잊어서는 안 될 것이다. 옛 친구나 끈끈한 인연은 긴 시간 속에 만들어진 것이고, 그것이 자연스럽게 지속되고 있는 것이다. 그것을 새삼스럽게 만들려고 하더라도 할 수 있는 것이 아니다. 각자의 인생이 어딘가에서 연결된 '불가사의한 인연'의 결과인 것이다. 그것은 때로는 번거로운 짐이라고 생각될 때도 있겠지만, 만약 그 관계가 지속되고 있다면, 그 나름대로의 이유가 있음에 틀림이 없다.

역사가 오랜 '끊으려야 끊을 수 없는 인연'은 오히려 소중히 하고 싶은 것이다.

옛 친구의 관계를 지탱하는 것

뛰어난 편집자의 회상기를 읽고 있으면, 그 사람이 어떻게 해서 훌륭한 집필자를 만났고, 또 그 만남을 얼마나 소중히 하고 있는가를 잘 알 수 있다. 기능론으로 보면, 편집자와 집필자의 관계는 원고를 쓰게 하는 사람과 쓰는 사람이라는 역할 분담이고 또 원고료를 지불하는 사람, 받는 사람이라는 비즈니스적인 관계이다. 그러나 그러한 관계로 단정지어 버려서는 훌륭한 작품이 완성될 리가 없다.

작가는 훌륭한 편집자의 격려에 의해서 마음이 움직이고 글을 쓰게 된다. 그 동기를 유발해 낼 만한 역량이 필요한 것이다. 거기에는 서로의 일을 존경하는 편집자와 집필자의 관계가 있다. 그것은 분명히 나카마로서의 관계이다. 또 이러한 회상기의 필자인 편집자의 경우는, 몇 사람의 훌륭한 집필자와의 만남을 평생 소중히 하고 있다. 읽고 있으면 그 만남을 소중히 여기고 있음을 역력히 느낄 수 있다. 때로는 괴짜 집필자가 있다. 그런 인물과의 교제는 말할자면 끊으려야 끊을 수 없는 사이인 것이다. 그러나 그것을 소중히 하고 있는 것이다. 글쓰기와 같은 지적 작업이 되면, 이러한 편집자의 지지와 응원이 집필자에게는 큰 힘이 되는 것 같다. 훌륭한 책을 만들어 내는 편집자는 실로 훌륭한 프로듀서인 것이다.

이러한 관계는 텔레비전 프로그램을 만드는 데도 똑같은 것이다. 비즈니스로서, 기능적으로 만나서 용건이 끝나면 그만이라는 관계 하에서는 도저히 좋은 작품을 만들어 낼 수 없을 것이다. 그 분야의 특성을 잘 설명하기는 어려운 것이지만, 사람들의 의욕을 고취시키는 것이 프로듀서의 제1의 임무일 것이다.

오늘날의 기업주의는 비즈니스 세계의 이러한 인간 관계에 대해서 냉담하다. 인간의 감정적 측면을 모두 잊어 버린 상태에서 각자의 역할만을 담당하게 하는 입장으로 기울게 될지도 모른다. 꽤 좋았던 시대의 대편집자 같은 사람은 조직의 톱니바퀴로부터 튕겨나오게 되든가 짓밟혀 버리게 될지도 모른다. 그런 상황 속에서도 일을 잘하는 사람들은 대단한 사무라이이다. 보고 있으면 역시 저자들과의 끈끈한 인연을 중요시하고 서로를 옛 친구의 관계, 즉 가장 인연이 깊은 나카마로서 일을 진행하고 있는 것처럼 여겨진다. 옛 친구의 관계를 지탱하는 것, 그것을 알기 쉽게 말하자면 우정 이외에 다른 어떤 것도 아니다.

조직을 움직이는 에너지

사회 조직이 복잡해서 그 전체의 조정을 위해서는 더욱더 관리 사회적인 시스템이 강화되어 가는 경향이 있을 때, 그 속에서 각각의 조직을, 피를 통하게 하여 움직이게 하고, 크고 보다 좋은 일을 끝까지 해 나가기 위해서는 이 나카마의 우정이야말로 가장 소중한 것이 된다. 그것은 조직을 움직이는 윤활유라기보다도 오히려 휘발유에 해당한다. 아무리 좋은 조직 · 기구라도 거기에 나카마의 우정이 개입되지 않는 한 잔뜩 녹슨 인간 소외의 도구밖에 되지 않는 것은 아닐까.

기능적으로 인간 관계나 인간 집단을 생각하는 것만으로는, 분석은 할 수 있어도 그것을 이해할 수는 없다. 나카마는 어디까지나 인간이 종합적인 존재로서 서로 연결되고 한 덩어리가 됨으로써 생겨나는 것이기 때문이다. 그것은 자기 자신의 친구 관계 속에서, 특히 친한 친구와의 관계를 생각하여 그 우정의 깊이를 다시 생각해 보면 누구라도 이해할 수 있는 것이다. 조직 안에서 인간다움을 회복하기 위해서는 나카마의 우정을 살릴 수밖에 없을 것이다. 물론 이러한 종류의, 말하자면 감상적이고 인정적인 나카마의 관계는 마이너스적인 측면도 갖고 있다. 이른바 친한 사이끼리 서로 공모하여, 즉 나카마끼리 한패가 되어 나쁜 일을 행하는 것이 그 같은 경우이다. 폐쇄된 나카마만이 권력을 잡고 이익을 독점하는 것도 거기서부터 발생한다.

마루야마 마사오(丸山眞男)가 『일본의 사상』에서 '항아리'로 부른 것은 이 나카마의 나쁜 면을 지적한 것이라고 해도 좋을 것이다. 마루야마 마사오는 조직체의 항아리화는 각자의 조직에서 은어를 만들고 편견을 침전시켜, 피해자 의식에 의해 뭉치고, 조직 상호의 교류나 공통의 언어, 공통의 판단 기준을 갖지 못하게 된다고 지적한다. 다음과 같은 지적은 귀를 기울일 필요가 있을 것이다.

정치나 경제의 조직뿐만 아니라 예술의 분야에서도, 문단이라든가 악단이라든가 화단이라든가 하는 '단(壇)', 또는 그 안에서의 — 서클이라든가 — 회라고 하는 것이 끊임없이 항아리화의 경향을 갖고 있기 때문에, 거기에 속해 있는 나카마만으로 통용되는 말이라든가 이미지가 저절로 발생하게 된다. 우리나라에서 이러한 조직이나 집단 등의 그 나름대로의 항아리화는 봉건적이라든가 또는 가족주의와 같은 말로써 언급되고 있지만, 단순한 가족주의라든가 봉건적이라고 하는, 말하자면 전근대적인 것이 순수하게 그것 자체로서 발현하고 있다라고 하기보다, 실은 근대 사회에 있어서 조직적인 기능 분화가 동시에 항아리화하여 나타난다고 하는 근대와 전근대의 역설적인 결합으로서 파악해야만 되지 않을까(『일본의 사상』).

확실히 나카마의 우정이 에너지가 되어 새로운 운동을 일으키는 것이지만, 그것이 지나치면 이 항아리를 만들기 쉽다. 일본을 항아리 사회로 보는 이 견해는 나카네 지에 씨의 다테사회 이상으로 설득력이 있을지도 모른다. 그러나 그것이 '근대와 전근대의 역설적인 결합'이 되기에는, 완전히 폐쇄적인 항아리 구조는 실은 이미 꽤 과거의 것이 되어 버린 것은 아닐까.

'단'이나 '벌(閥)'이나 '당(党)'이 고정적인 것이어서는 지금의 사회에서는 부적응을 일으키고, 자기 해체의 길을 걸을 것임에 틀림없다고 하는 것은 나카마라는 한 덩어리가 낡고 폐쇄된 형태로부터 보다 개방된 이합집산이 자유로운 형태로 분명히 변해 왔다고 생각하기 때문이다.

4. 적인가 아군인가

적 리스트

미국의 정계를 뒤흔들고 결국 닉슨 대통령을 사임케 했던 워터게이트 사건은 어떤 의미에서 미국의 정치나 사회의 한 단면을 표출한 것이다. 그 속에서 내가 흥미를 가졌던 것은 사건의 전모가 밝혀져 가는 과정에서 등장하는 닉슨 정권 측이 작성했던 적의 리스트였다. 이것은 일종의 블랙 리스트이고, 닉슨의 정책에 대해서 비판적인 언동을 취한 사람들을 정계, 관계를 비롯하여 학자, 저널리스트, 종교가 게다가 예능인까지 광범위하게 뽑아낸 것이다. 정당정치가 확립된 미국이니까 반대 의견을 갖고 있는 사람이 있어도 당연한 것이고, 대통령 선거가 되면 반대 당의 사람들이 일제히 비판, 공격을 가해 와도 이상한 것은 아니다. 그것이 언론의 자유가 보장되어 있는 민주적 사회의 당연한 모습일 것이다. 닉슨 진영은 대통령 선거에서 승리하기 위해 반대파의 여론 팀장의 언동을 체크하여 자파에게 유리한 상태를 연출해 내기 위한 공작을 했다. 민주당 본부 도청사건은 말하자면 그 선거를 위한 대작전의 일부였다.

내가 흥미를 가졌던 것은 우선 이 적 리스트라는 이름이다. 선거가 일종의 경쟁, 지지자 획득 경쟁인 이상, 그 경쟁 상대는 적이라는 것이다. 닉슨 측에서 보아 초점을 대통령 선거라고 하는 점으로만 국한한다면, 적은 베트남 해방 세력도 국제적 경제 경쟁의 상대국도 아니다. 같은 미국의 국민으로 그에게 대립하는 후보를 지지하고 그를 비판하는 사람들이었다. 권력의 자리인 대통령의 지위를 노려 닉슨을 떨어뜨리려고 하는 사람들은 모두가 적이 된 것이다. 적은 나카마의 반대 개념의 하나일 것이다. 보통 적, 아군이라고 하지만 아군이라는 것은 나카마일 수밖에 없다. 닉슨에 의해서 그 측근들은 나카마이고 아군이었다. 그래서 반대파의 사람들은 적이었다.

7인의 적

"남자는 밖에 나가면 7인의 적이 있다"라고 한다. 아침 출근 전의 샐러리맨이 배웅하러 나온 부인을 향해 말하면 대수롭지 않은 말이 된다.

나카마에 관해서 생각해 볼 때, 적에 관해서 검토해 둘 필요가 있다. 경쟁 상대를 적으로 보는 경향은 오늘날에는 대단히 넓게 골고루 퍼져 있다. 특히 오늘날의 사회는 경쟁 사회이고, 어릴 때부터 경쟁하며 자라고 생존경쟁에서 살아남지 않으면 안 된다는 생각이 꽤 일반적으로 인식되어 있다. 원래 경쟁이라는 것은 인간의 생활 속에서는 피할 수 없는 것이라는 믿음이 있다. 경쟁 상대는 적이다. 따라서 이 세상에는 많은 적이 있다는 것이다

최근에는 조금 반성하는 분위기이지만, 우리들은 어릴 때부터 경쟁하는 것을 배울 기회가 많았다. 단순한 달리기 등을 어릴 때부터 하게 하여 빠른 사람이 칭찬받는다. 토끼와 거북이 이야기만 하더라도 경쟁의 이야기이다. 여러 가지 스포츠의 승패, 게임이나 놀이의 승패 속에서 사람은 성장한다. 그리고 여러 가지 테

스트, 입학시험, 취직시험…… . 그 배경에는 우승열패라고 하는 경쟁의 원리가 있고 이 세상을 치열한 경쟁의 장으로 보는 사고방식이 있다. 우리들은 철이 들 때부터 그 원리를 철저히 배우고 있는 부분이 있으며, 인생을 하나의 경쟁의 장으로서 받아들여, 투쟁이라든가 싸움이라든가 하는 말들을 자주 사용한다. 이 경쟁이라고 하는 개념은 어디에서 나온 것일까. 인간이 다른 동물과 똑같이 원래 '본능적'으로 공격성이나 '투쟁 본능'을 지니고 있다고 주장하는 유럽의 동물학자들도 있다. 인간도 다른 동물이나 식물을 먹으며 살아간다. 그것은 어떤 의미에서 인간도 다른 생물과 대립 관계에 있음을 뜻한다. 또 다른 것으로부터 위해가 가해질 것 같으면 방어할 필요가 있었다. 따라서 경쟁 관계 — 적 · 우군의 구별은 인간의 역사와 함께 오래되었다는 사고방식이다. 살고 있는 것을 경쟁, 투쟁으로 간주하는 생존 경쟁의 사상이다.

이기면 관군(官軍)

그러나 아프리카의 초원에 있는 사자는 공복일 때는 확실히 다른 동물을 잡아먹지만, 그 이외의 경우에는 설사 먹이의 무리들이 시야에 들어와도 돌아보지도 않는다. 요컨대, 필요 이상의 살생은 하지 않는다고 한다.

인간의 경우도 비록 전쟁 상태에 있더라도 불필요한 살상은 하지 않는 것이 일반적이었고, 싸우기 전에 자기 이름을 대는 등 그 나름대로의 규칙이 있었다. 비전투인까지 끌어넣은 대량 살인은, 다이나마이트나 원폭 같은 병기가 만들어지고 나서의 이야기이다. 뉴기니아 고지의 전쟁에서는 서로 대부대를 투입하여 적대시하고 크게 기세를 올리지만, 거의 대부분 실전을 하지 않는다. 어느 쪽이든지 전사가 한 명 상처를 입으면, 그것으로 승부가 정해지고 곧 휴전이 되었다. 인간은 끊임없이 적과 우군의 긴장 속에서 생활하고 있었던 것은 아니었다고 말할 수 있다. 그것이 오늘날처럼 경쟁에 역점을 두고 인간 관계를 생각하게 된 것은 비교적 새로운 현상인 것 같다. 그것은 유럽에서 생겨나 19세기경에 확립되어 세계적으로 널리 퍼진 사고방식이라고 해도 좋을 것이다.

생존 경쟁, 계급 투쟁이라는 사고방식은 자연 도태, 적자 생존을 주장한 다윈의 진화론을 만들어 냈다. 그것은 생물학 분야뿐만 아니라, 사회의 견해에도 반영되어 자유 경쟁 속에서 힘이 있는 자가 승리하고 게다가 칭찬받는다고 하는 사고로 확대되어 갔다. 오히려 다윈의 학설은 그러한 사회의 움직임을 반영한 형태로 탄생했다고도 말할 수 있다. 그 결과 근대 사회에서는 한편으로는 개인의 인간으로서의 권리나 개성이 존중되게 되었지만, 동시에 우승열패의 경쟁 관계로 사물을 보기도 하고 판단하게 된 것이다. 약한 자는 패하여 지배받고 무시되고 소외되고 차별받는다. 따라서 져서는 안 된다는 경쟁 의식을 강조하는 시대가 되었다.

이러한 사고방식이 산업혁명 후의 세계를 리드하여, 군사적·정치적으로도 패권을 장악하여 세계를 자기들의 영토나 속국으로 했던 유럽에서 나왔다는 것은 주의해야 한다. 그 유럽에 저항하여 혁명에 의해서 탄생한 미국에서도 그것을 사회진화주의로서 전개한다. 그것은 자유경쟁의 결과로서 차별을 시인하는, 극단적인 형태의 사상으로서 퍼졌다. 일본에서도 메이지 이후, 경쟁적인 인간 관계가 당연한 것으로 인식되어 '이기면 관군'이라고 하는, 승리자를 인정하고 패자를 소외하는 태도가 확대되었다. 이것들은 말하자면 승자, 강한 자의 논리였다고 해도 좋을 것이다. 거기에 대항하는 약자의 측면에 선 사회주의도, 사회를 계급의 대립과 투쟁의 장으로서 보는 한, 이 서양의 진화주의의 전통을 그대로 계승하고 있다. 또 히틀러의 '나의 투쟁'도 같은 계통의 사고방식에서 비롯된 하나의 귀결이었다고 말할 수 있을 것이다.

경쟁과 공존

우리들이 갖고 있는 경쟁 사회의 이미지, 약육강식의 생존 경쟁만이 인생이라고 하는 이미지는, 이렇게 하여 어느 시대부터인가 넓게 퍼진, 하나의 사고방식에 지나지 않는 것이다. 사람을 보면 적일까, 아군일까를 구별하고, "밖에 나가면 7인의 적"이라는 것도 그런 경쟁적인 사회의 이미지 속에서 생겨난 강박 관념 같은 것은 아닐까. 이 세계를 난세로 간주하고 전국 시대같이 무질서한 것으로 생각하는 것도 이 서구 기원의 경쟁 이미지의 투영일지도 모른다. 확실히 전국 시대라고 하면, 영웅호걸이 활약하고, 살벌한 적 · 우군의 관계가 나타나지만, 그것은 극히 소수의 무장들 같은 야심가의 이야기에 지나지 않는다. 일반 민중이 모두 경쟁적 관계 속에 있었던 것은 아니고, 오히려 많은 사람들은 이런 전쟁이나 난리를 괴로움으로 생각하면서 서로 의지하며 살고 있었던 것이다. 전투는 직접 관련이 있는 것은 아니고, 재미있게 구전(口傳)되는 것이었다. 도시락을 가지고 전투를 구경하러 가는 백성도 있었다고 하니까, 모든 사람이 경쟁 속에 휩쓸려 있었던 것은 아니다.

동물의 습성학이 가리키는 바에 의하면, 늑대 같은 강력한 어금니를 가진 육식 짐승은 머리를 내밀고 무저항적인 태도를 취하는 상대는 공격을 하지 않는다기보다도, 공격성에 브레이크를 거는 제어 기구가 몸 안에 갖추어져 있어서 공격할 수 없게 된다는 것이다. 자신의 세력권을 침범하는 자를 내쫓기도 하고, 음식물 획득을 위해 다른 동물을 죽이기도 하지만, 그 이상의 경쟁도 투쟁도 하지 않는 것이 동물 세계의 본래의 모습인 모양이다.

경쟁 관계라고 하는 것은 원래 어느 한정된 상황 속에서 만들어지는 관계이고 그 상황이 없어지면 해소되는 것으로 봐도 좋다. 경쟁하기 위해서 우선 그 상대와의 공존이 필요하다. 적이냐, 우군이냐 하는 것은 그 공존 안에서의 이야기이다. 일상생활에서는 경쟁 원리보다도, 이 공존을 가능케 하는 듯한 협력, 공동의 원리가 항상 작용하고 있다.

인간뿐만 아니라, 동물은 모두 태어나서 성인이 될 때까지 가족이든지 무리든지 같은 종류의 나카마의 협력, 공동체 속에서 성장한다. 특히 인간은 부모 또는 부모를 대신하는 존재에 의해 극진하게 보살핌을 받지 않는 한, 살 수 없는 상태로 이 세상에 태어난다. 그 아이를 키우는 데는 어머니를 비롯해 많은 사람들의 공동 노력이 절대적으로 필요하다. 말할 필요도 없이 "인생은 투쟁이다"라고 외치고 있는 사람들도 이 협력 공동을 전제로 해서 성장했음에는 변함이 없다.

놀이로서의 경쟁

경쟁 · 분쟁 · 전쟁이 이 세상에 존재하고 있는 것을 인정하지 않으면 안 된다. 그러나 그것만이 이 세상의 원칙이라고 생각한다거나, 우리들이 경쟁 의식이라든가 투쟁 본능이라고 부르고 있는 것을 강조하고 중시하는 사고방식 등은 서구 문명의 산물에 지나지 않는 것이다. 오히려 인간은 원래는 투쟁을 좋아하지 않는 동물이었던 것은 아닐까.

일본인의 경우 적과 아군을 확실히 구별하는 것에 그다지 능숙하지 않다. 지인들을 적인지 아군인지 나눠 보라고 하면, 대부분의 사람들은 곤혹스러워하고 그런 주문 자체에 저항을 느끼지 않을까 싶다. 저 사람은 라이벌이라고 하더라도, 대부분의 경우는 그 사람을 어떠한 형태로든 목표로 하여 자기 자신을 향상시키려고 하는 마음이 강하다. 상당히 별난 사람이 아닌 한, 그 관계를 "잡을까 잡힐까"의 상대로는 생각하지 않을 것이다. 어제의 적은 오늘의 친구라는 단순한 사고방식도 서구의 그것과는 다른 라이벌관이라고 해도 좋을 것이다. 서구에서는 적이라는 것은 '눈에는 눈'이라는 철저한 적대 관계이고, 그것을 쓰러뜨리기 위해서는 수단과 방법을 가리지 않는 점이 있어, 그렇기 때문에

"원수를 사랑하라"라는 성서의 말이 강렬한 반어로서 등장하는 것은 아닐까.

사회를 경쟁 사회로 생각하고 투쟁의 장으로 생각하는 것은, 실은 인류사 속에서 몹시 제한된 부분일 수밖에 없다. 서구 근대가 낳은 이미지에 지나지 않는다. 그것으로부터 빠져나오는 편이 훨씬 정신 위생에 좋다. 안간힘을 쓸 필요는 전혀 없다. 제한된 인생을 공동공존 스타일로, 자신의 성분에 맞는 것을 그 가능한 범위 안에서 해 가는 삶의 방식으로 되돌아가는 것이 중요하지 않을까. 그러기 위해서는 어렸을 때부터 경쟁을 재촉하는 듯한 교육은 그만두는 편이 좋다. 자녀 교육에 극성스러운 어머니가 아이들을 시험 지옥으로 몰아넣는 것 같은 사고방식은 조금만 발상을 전환하면 고칠 수 있다. 테니스의 복식 시합이라면, 적은 두 사람 아군은 한 사람. 게임이 끝나면 적과 아군의 관계도 사라진다. 럭비의 맹렬한 다툼도 '노 사이드'라는 시합 종료의 소리가 들리면 그것으로 끝이다. 모든 스포츠나 게임은 그 형식으로 움직이고 있다. 경쟁 관계는 확실히 어느 제한된 상황에서 일어나고 있다. 경쟁은 본래 그러한 것이고 그 이상의 것도 아니다. 그렇게 생각해 버리면 경쟁 또한 나쁘지 않다. 그것은 놀이로서는 제1급의 것일 수 있다. 경쟁은 원래 그러한 것이었다. 그것을 피비린내 나는 생활 원리로 만든 것은, 반복해 말하지만 서구 기원의 '근대'였다. 한 번 더 경쟁을 놀이의 세계로 되돌리고 다윈과 같은 유의 생존경쟁을 부정하는 것이 인류에게 중요한 것이 아닐까.

5. 조직에서의 나카마와 경계

개성을 가진 인간의 모임

그러면 이야기를 나카마로 되돌려 보자. 아무리 잘 뭉쳐져 있는 것처럼 보이는 나카마에도, 하찮은 계기로 그 결합이 무너지고 눈 깜박할 사이에 공중 분해를 일으켜 버리는 경우가 있다. 우리들의 우정은 두텁고, 그 단결은 단단하다고 믿고 있었던 직장의 나카마가 수 차례의 인사 이동이 이루어지고 나면, 옛 모습을 찾아볼 수 없을 정도로 차가움이 감돌고, 오히려 서로 과거의 사이가 좋았다고 하는 기억 때문에 반대로 서먹서먹함이 두드러지게 나타나는 경우도 있을 것이다.

긴 인생을 살아온 사람은 그러한 경험도 적지 않은 모양이다. 그 때문에 결국 인간은 자신밖에 믿을 수 없다든가, 어차피 이 세상은 돈이고, "돈이 떨어지자 친구도 떨어진다"라고 하면서 세상만사에 정통한 것처럼, 젊은 사람들의 나카마 의식에 찬물을 끼얹기도 한다. 물론 그러한 견해에 대해 좋은 나카마를 갖고 있는 사람들은, 그건 바보 같은 소리라면서 반발할지도 모른다. 동지적 결합은 쇠보다 단단하다고 믿고 있는 사람들은 그런 사람들을 일종의 퇴행 현상이라고 웃을지도 모른다. 그러나 이러한 노인의 주장에도 상당한 진리가 내포되어 있음을 인정하지 않으면 안 된다.

나카마라고 해도 그곳에 모인 다섯 명이라면 다섯 명 모두는 각자 개성을 갖고 있는 인간이다. 태어나서부터 이제까지의 생활 경험이나 그 안에서 몸에 익혀 온 가치관과 태도에도 각각 서로 차이점이 있는 것은 당연한 것이다. 때마침 그것이 무언가의 인연에 의해 지금 어떤 시점에서는 마음이 맞아 나카마가 되어 있는 것에 불과하다. 그 때문에 장래 무슨 사건에 의해 나카마 사이에 의견이 갈라지고 대립과 분열이 생길 수 있는 것도 충분히 예상할 수 있지 않겠는가, 오히려 동료는 깨어질 수 있는 것이라는 사실을 처음부터 인정해 두는 편이 좋다고까지 말할 수 있을 것이다.

덧없는 결합

노인의 경험에서 우러난 이야기를 꺼낸 것은, 실은 나카마라는 집단과 그곳에서 생겨난 인간 관계도 시간이 지남에 따라서 변화한다는 것을 지적하고 싶었기 때문이다.

예를 들어, 대단히 사이가 좋고 잘 뭉쳐진 나카마 관계를 형성하고 있는 다섯 명의 사원이 어떤 회사의 어떤 부서에 있다고 하자. 그 모임은 회사에도 좋은 것이었고 다섯 명의 생활에도 많은 플러스가 있었다. 그러나 어느 날 그중 한 사람이 갑자기 결혼해서 신혼생활을 하게 되었다. 다른 네 명은 물론 이 새로운 가정의 탄생을 축복했지만, 동시에 아직 독신인 자기 자신을 돌이켜보며 무언가 당했다고 하는 기분도 없지 않았다. 특히 이 결혼 제1호인 남자는 평소 형식에 구애받지 않는 결혼을 한다고 말했는데, 훌륭한 식을 올리고 피로연을 열었다. 게다가 중매인이 전무 부부라니, 다른 네 명이 당했다는 기분이 드는 것도 이해할 수 있을 것이다.

곧 제2의 남자가 모교 교수의 중매로 결혼했다. 기혼자 두 명에 미혼자 세 명이라고 하는 비율이 되었을 때 이 다섯 명의 그때까지의 결속은 급속히 쇠퇴되어 간다. 그리고 제3의 남자가 그 후 얼마 뒤 중역의 딸과 결혼했을 때, 그 나카마는 결국 해체되어 버렸다. 그것은 사이가 멀어졌다든가 날카롭게 대립했다고 하는 정도의 것은 아니다. 그러나 각각 가정의 분위기가 틀리고, 게다가 독신의 5인조 시절에는 감추어져 있던 취미의 차이 등이 확실히 표면에 나타나, 도저히 제대로 잘 나아가지 못한다. 한 사람 한 사람의 얼굴이 다르듯이, 그 개인차는 그 후의 삶에 반영되고, 이전의 5인조의 연대감은 완전히 퇴색해 버린 것이다.

이 예는 어디에서나 있을 수 있는 이야기지만, 특히 구체적인 실례를 들고 있는 것은 아니다. 이렇게 시간의 경과에 따라 보았을 때, 나카마라고 하는 것의 일면을 잘 이해할 수 있을 것이라고 하는 사실을 지적하고 싶었던 것이다. 요컨대 어느 하나의 나카마라고 하더라도 그것이 생길 때에는 그 나름대로의 사정이나 인연이 있고, 게다가 그 배후에는 나카마에 속한 한 사람 한 사람의 생활사가 있고, 가정사가 있고, 집단 참가의 역사가 감추어져 있다. 따라서 시간의 경과에 따라 나카마 집단 그것이 또한 역사적 변동을 더듬어 가게 된다. 개인은 바로 강 흐름 안의 한 알의 모래알 같은 것이라고 생각하면 좋다. 그것은 다른 모래알과 함께 하기도 하고 또 떨어지고 하는 운동을 반복하면서 상류부터 하류로 흘러가는 것이다. 나카마라고 하는 것은, 그 흐름을 어느 시점에서 붙들었을 때 그곳에서 볼 수 있는 사람들의 집합이라고 하는 것일 수밖에 없다.

다음 순간에 완전히 다른 집단의 한 사람이 되어 있어도 어쩔 수 없는 것이라고 생각해 두는 편이 좋다. 이렇게 말해 버리면, 나카마라고 하는 것은 상당히 허무한 것이 되어 버린다. 따뜻한 우정의 지속, 쇠같이 단단한 단결이라고 하는 것을 나카마의 이미지로서 갖고 있는 사람들, 나카마의 지속성을 믿고 그렇기 때문에 사회 속에서 나카마가 중요한 역할을 다하고 있는 것이라고 믿고 있는 사람들에게는, 이러한 나카마 개념은 반론의 여지를 제공하게 될 것이다. 그러나 나카마 개념의 '덧없는' 결합—덧없는 존재라고 하는 전제를 해 두는 편이 그 본질을 확실히 이해할 수 있다고 생각하기 때문이다.

나카마는 깨지는 것

앞에서 나카마와 집안을 구별했다. 그 변별점으로서 집안이 핏줄을 기본으로 하고 있는 반면 나카마는 그런 것이 없다. 그것이 필요 조건이 아니라는 점에 있었다. 집안의 원리는 혈연 관계가 아닌 사람들도 형제 같다든가 자식 같다든가 '가족적'이라고 하는 혈연자로 간주해 간다. 나카마에도 이런 견해가 개입되지만, 원리상 나카마는 혈연이 아니고 같은 목적을 지향하는 대등한 교제라고 하는 것에 있었다.

나카마가 분열하는 원인의 대부분은, 실은 이 대등한 관계가 다른 조건에 의해 상실되어 가는 것에 있다. 형제나 자식 같은 집안의 원리를 투영하여, 무리하게 영속성을 갖게 하려고 해도 그것은 본래의 나카마가 갖춘 성질은 아니다. 지속성은 집안의 모임 쪽이 확실히 강하다. 그것이 혈연이라고 하는 생득적인 관계에 유래하고 있기 때문이다. 나카마는 생득적인 것이 아니라 다분히 획득적인 관계이다. 나카마는 자신부터 거기에 가담하여 자신이 나카마의 일원이 되어 간다는 주체성이 있어야 비로소 가능하다. 집안은 오히려 이 세상에 태어나서 분별력이 붙었을 때, 이미 그 주위에 존재하고 있다. 나카마의 친근함을 집안으로 여겨 나아가는 것은 흔히 이루어지는 현상이다. 그러나 나카마의 모임에 가족적 결합이나 게마인샤프트를 기대하는 것은 애당초 그 원리에서 무리가 있다.

'일심동체'라고 하는 말에서 나타나는 끈끈한 관계를 나카마에게 요구하며 영속을 기대하는 것 자체가 나카마 해체의 출발점이 된다. 오히려 나카마는 무너질 수 있다는 전제를 인식하고 있다면, 과도한 기대나 깊은 정은 없어질 것이다. 사실 오래 이어지고 있는 나카마 집단을 보면, 그 내부의 인간 관계는 의외로 담백하고, 결코 집안 의식이나 가족주의로 뭉쳐져 있지 않음을 확인할 수 있다.

새삼스레 나카마 분열을 장려하는 것은 아니다. 그러나 나카마는 자연히 생겨나기도 하고 소멸하기도 하는 덧없는 것이고, 시간의 경과에 따라서 본다면 분열되어 가는 것이 자연스럽다. 그렇게 생각하는 편이 나카마 교제를 편안히 할 수 있고, 오히려 지속적인 것이 될 것이다. 거기에 게마인샤프트를 기대하는 것은 잘못된 생각이다.

경계를 지키는 '레드 테이프'

구청 등의 창구에서 불쾌감을 느낀 사람이 꽤 많을 것이다. 하나를 물으러 가더라도 이 창구 저 창구를 왔다 갔다 하며 우왕좌왕 하는 일이 자주 있다. 요즘은 큰 우체국 등도 왠지 모르게 이러한 '관공서'의 버릇을 답습해서 우표를 사는 장소와 편지를 부치는 창구가 따로 되어 있기도 하다. 익숙해지면 아무것도 아닐지 모르지만, 혼잡할 때에 급한 서류라도 갖고 가면 허둥대게 된다. 왜 이렇게 되는 것일까.

이것은 아는 바와 같이 '관료제'의 탓이다. 조직이 커짐에 따라, 분업 시스템이 갖추어지고, 이 일은 어느 부서라고 하는 것이 확실히 정해진다. 그 결과 창구가 여러 개로 나누어져 각각의 역할 분담, 임무와 직장 분담이 결정된다. 요컨대 경계가 생기는 것이다. 창구는 창구끼리의 횡적인 연락이 있는 것이 아니라, 각각 뒤에 있는 상사와 연결되어 있기 때문에 밖에서부터 그 창구에 매달리고 있는 사람에게는, 어찌된 일인가 생각할 정도로 불친절한 구조로 보이는 것이다. 작은 관공서의 경우라면 그래도 괜찮다. 조직이 커지면 이것이 점점 더 복잡해지고 외부로부터는 어찌할 바를 모르게 된다. 각각의 부서가 또 그 안에서 경계를 만들고 서로에게 책임을 전가하기도 하고, 예산 거래를 한다. 그것이 확대되면 한 나라의 정부라고 하는 곳에서까지 그런 경향이 확실히 나타나, 관료제가 갖고 있는 좋은 면보다는 나쁜 면이 오히려 더 눈에 띄게 된다. 명분이나 형식이 중요하게 되고, 실제의 용무보다는 절차가 중시되고, 도움도 되지 않는 회의가 되풀이되면서 아무것도 진행되지 않게 되기 쉽상이다.

이러한 관공서의 사무를 영어로 레드 테이프(red tape)라고 한다. 사전을 보면 "일을 하기 전에 형식, 기록, 보고 등을 필요 이상으로 요구하는 과도한 형식 존중, 형식주의적인 절차, 관청류. 영국에서는 공문서를 묶는 데 빨간 테이프가 사용되기 때문에"라고 한다. 요령 좋은 설명이다. '레드 테이피즘'이라는 단어도 있다고 한다. 큰 조직은 작은 자영업자처럼 소수의 사람들이 모든 것을 처리할 수는 없기 때문에, 아무래도 레드 테이피즘이 된다. 나는 NHK의 세 개의 다른 부서로부터 거의 동시에 서로 다른 출연 교섭을 받은 적이 있었다. 우연이 겹쳐서 이렇게 된 것이었지만, 세 개의 부서는 서로 다른 부서의 계획을 몰랐던 것이다. 나는 새삼스럽게 NHK 조직의 거대함을 느끼게 되었다. 이 같은 일은 큰 출판사에서도 경험한 일이 몇 번인가 있다. 어디가 나쁘다고 하는 것은 아니다. 조직이 큰 탓이라고 할 수밖에 없다. 내부에서는 충분히 그 거대함이 이해되지 않기 때문에, 이런 경우에는 놀라게 되는 것이다. 자신이 근무하고 있는 대학 안이라면, 문학부의 일을 농학부에 문의하는 일은 하지 않기 때문에 맘모스 조직에 놀라는 자는 외부 사람만이라고 할지도 모른다.

그런데 우리들이 생활하는 사회는 많은 사람들이 복잡하게 서로 얽혀 있고, 많은 조직으로 이루어져 있다. 이것은 예를 들면, 아마존의 광대한 밀림 안에 고립되어 낯익은 동료들만으로 사회생활의 거의 대부분이 영위되고 있는 부족의 경우와 비교해 보면, 그 복잡함은 잘 이해될 것이다. 서로의 기질을 잘 알고 있고 작은 부족 사회라면 레드 테이프는 존재하지 않는다. 거기에 비해 복잡한 우리들의 사회생활에서는 서로가 얼굴도 모르는 채로 서로의 경계를 지키고, 정해진 역할만을 연출하고 있는 것이 적지 않다. 그래서 결국 형식적으로 처리하지 않을 수 없는 면이 적지 않게 있다. 조직은 저마다의 역할을 담당하고 있는 구성원의 움직임에 의해서 유지되지만, 그 구성원이 교체되었을 때 조직이 어떻게 돌아가는지 모른다면 곤란하다. 인원 교체가 가능하려면 형식을 갖추어 둘 수밖에 없다. 그것도 개인의 능력차에 그다지 영향을 주지 않도록, 누구라도 다룰 수 있는 형식으로 하는 것이 바람직하다. 결국 레드 테이프라고 불리는 관료제는 원래 이러한 개인차를 배제한, 평균적 능력주의로 만들어진 형식이 된다. 그것은 확실히 견실하고 능률적인 방법이지만 그것만으로는 몰개성적이 되어 버릴 것이다.

두 개의 역할

이렇게 우리들을 레드 테이프를 동반한 복잡한 조직과 교제해 가지 않으면 안 된다. 그러한 현대 사회 속에서 나카마는 어떤 역할을 다하고 있는 것일까. 두 가지 면으로 생각할 수 있다.

하나는 이러한 조직 안에서는 어떻게든 매일 얼굴을 마주치는 같은 부서, 같은 직장의 사람들 사이에 연대 의식이 강해져 나카마가 만들어진다. 말하자면 경계 안의 일로서, 결과적으로 이러한 나카마는 경계의 강화로 이어진다. 그 때문에 어느 부서가 마치 아마존의 작은 부족 사회와 같이 자신들만의 안전과 행복을 생각하고, 다른 세계, 즉 다른 부서의 일이라든가 그 조직의 밖에 있는, 보다 넓은 사회에 대해서는 생각을 하지 않게 될지도 모른다. 그 경계를 지키고 그 안에서 두문불출해 버린다. 나카마는 서로 감싸는 집단이 되고 때로는 공범자적인 의식을 갖게 되는 일도 일어날 수 있는 것이다. 록히드 사건을 둘러싸고 미국의 워터게이트 사건과 같은 내부 고발자의 출현을 기대하는 소리가 신문 등에 잇달아 보도되었다. 그러나 지금까지 그런 기대는 이루어지지 않고 있다. 이것은 일본 사회에서 나카마의 자위 본능이 얼마나 강한가를 가리킨다고 말할 수 있다. 그런 까닭에 나카마가 해체되었을 때, 진상은 이러했다든가, 지금이니까 할 수 있다든가 하는 발언자가 많이 나오는 것도 예상할 수 있겠지만, 지금으로서는 거기까지 이르지 않고 있다. 조직 안의 나카마에는 이러한 경계 방위의 힘이 강하기 때문이다. 게다가 이러한 종류의 나카마는, 즉 "쉬지 않고 늦지 않고 일하지 않는다"라고 하는 퇴영적 책임 회피 집단, 혹은 월급 도둑 집단이 될지도 모른다. 변화나 진보를 기대할 수 없고, 단지 종래부터 부여된 '직무'만을 되풀이하고 있으면 굳이 날고 뛰지 않아도 정년까지 근무할 수 있는 것이다. 요컨대 판에 박힌 일만 하고, 새로운 것을 해 보려고 시도하지 않고 그냥 지내기만 하면 족하다는 사고방식이다. 혈기왕성한 젊은이에게는 견디기 어려운 일이겠지만, 대인인 척하는 애늙은이나 중년의 샐러리맨이 빠지기 쉬운 나카마 의식의 하나이다. 거기에는, "모난 돌이 정 맞는다", "꿩도 울지 않으면 총에 맞지 않는다"라는 소심한 보신주의가 있다. 직장에 그러한 퇴영적 나카마를 만들지 않는 것이 조직 리더들의 임무일 것이지만, 방심하면 그러한 부분이 생길지도 모른다고 하는 일면을 조직 안의 나카마는 갖고 있는 것이다. 그것이 "생계를 지킨다"라는, 본래는 사회적으로 원대한 이상적 슬로건을 왜소화해서 줿어졌을 때 조직은 완전히 정체적인, 월급 도둑의 집단이 되어 버릴지도 모른다.

이러한 점은 이른바 나카마의 좋지 않은 측면이다. 섹트주의, 경계 근성, 무사안일주의—그것이 외부에 대한 레드 테이피즘에 대응하는 것이다.

그러나 조직 안의 나카마에는 이와 달리 플러스의 측면을 생각할 수 있다. 나카마는 원래 어느 부서 안에서만 생기는 것은 아니다. 그것은 여러 가지 다른 요인과 얽혀 다른 계기에 의해, 조직 안에, 부서를 초월하고 경계를 초월한 연대를 만들어 가는 작용을 하고 있다. 출신교의 동창 관계, 스포츠 나카마, 같은 취미의 서클 나카마, 같은 해 입사의 나카마, 같은 종교의 신자 나카마, 사회문제에 관한 공통의 관심에서부터 모인 시민운동의 나카마 등, 그뿐만이 아니라 마작이나 술집에서의 나카마까지 여러 가지 계기, 여러 가지 인연에 의한 나카마가 직장의 제한된 부서 등을 초월하여 만들어진다. 게다가 이 결합은 회사나 관공서 등의 조직을 초월하여 보다 넓은 범위의 사람들 사이로부터 친밀한 나카마를 만들어 내는 것도 가능할 것이다.

오늘날의 직장은 그 의미에서 봉쇄된 경계는 아니다. 또 직장이 지니고 있는 여러 가지 소외 요인, 예를 들어 앞에서 언급한 것처럼 교체 가능한 평균적 역할 분담 등은 직장 안에서뿐만 아니라, 오히려 그 밖에서 보다 좋은 나카마를 발견할 사람을 만들 수도 있다. 그 결과 이러한 횡적인 나카마는 직장의 레드 테이피즘을 극복하고 점차 무너뜨리는 작용을 한다. 다시 말하여, 직장의 관료제가 이러한 나카마의 제휴, 협력에 의해 되살아나고 그것에 의해 사회는 움직여진다고 말할 수 있다.

양날의 칼

레드 테이프의 바다 안에서는, 누구와 누구가 서로 아는 사이라고 하는 것이 예상외에 큰 효과를 낳는다. '안면'이 무엇을 결정하는 국면은 크다. 그것은 물론 마이너스 면도 있어서 안면이 통하는 사람에게 의리의 나카마가 이권을 독점하게 하는 듯한 위험도 있을 것이다. 금맥, 인맥이라는 단어가 뜻하는 것이다. 그러나 삭막한 관료 시스템으로 이루어진 관공서나 회사의 조직을 실제로 움직이고 활성화하는 것은, 사람과 사람의 연결이라고 하는 것은 사실이고, 나카마를 두고 그 활성화를 촉진하는 것은 아니다. 결국, 나카마는 이른바 양날의 칼이다. 자칫 잘못하면 경계 안에 안주하는 소부족적인 나카마를 만들지도 모르고, 그런 나카마만이 만연해 버리면 이 세상은 점점 더 살기 어려워질 것이다. 그래서는 곤란하다.

그러나 나카마는 한편으로는, 경계를 만들고 있는 관료적 시스템을 초월해 인간과 인간의 연대를 만들어 가는 것이기도 하다. 나카마가 갖고 있는 이런 면이 제대로 살려진다면, 고밀도의 복잡한 일본 사회도 조직과 관리 체제로 결합된 부자연스러운 사회가 되지 않게 하는 큰 역할을 하지 않을까? 그러나 그 기대도 이권을 독점하는 검은 나카마에게 조직이 마음대로 휘둘린다면 또 상당히 어려워진다. 나카마 가운데는 범죄자의 일당도 포함되어 있는 것이다. 또 히틀러의 나치스 국가사회주의 독일 노동자당도, 무솔리니의 파시스트당도 원래는 이러한 나카마 조직이었다. 일본의 자민당이나 공산당도 나카마 · 동지의 조직이다. 나카마는 조직을 초월하여 생겨나지만 그 자신이 조직을 만드는 것이기도 하다. 나카마에는 이러한 공죄(功罪) 양면이 존재하고 있음을 인정해 둘 필요가 있다. 이러한 양날의 칼이라는 성질을 갖고 있다고는 하나 결국 우리들은 나카마로부터 떨어져서 완전히 고립된 생활을 보낼 수는 없다. 주관적으로는 완전히 독립자존의 인간이라고 생각할 수는 있어도 사회생활을 하고 있는 한 나카마 없는 사람은 없다고 해도 좋다. 그런 까닭에 나카마에 대해 자각하고 판단하는 능력을 저마다 갖고 있어야만 한다.

Ⅳ. 젊은이의 나카마·이성(異性)의 나카마

1. 세대 차이
2. 젊은이의 나카마
3. 경험의 중요성
4. 멀고도 가까운 것
5. 연령, 성별을 초월하는 나카마

1. 세대 차이

요즘의 젊은이는……

세대간의 차이라는 것이 있다. 어떤 소매점 주인이 젊은이를 향해, "우리는 일요일이 대목이니까 자네도 일해 주었으면……" 라고 말했다. 그러자 젊은이는 "일요일은 나도 나카마와 놀 수 있는 중요한 날이에요. 그 때문에 쉬어야 합니다"라고 대답했다고 한다. 이런 종류의 이야기는 최근에는 어느 직장에서나 드물지 않다고 한다. 그리고 이 가게 주인과 같은 입장에 있는 사람들은 "요즘 젊은이는……"라고 개탄하는 것이다.

원래 이런 틀에 박힌 말은 옛날부터 있었다. 이집트 피라미드 안의 문자를 해독하면 자주 이와 닮은 말들이 나온다고 한다. 세대차, 세대에 따른 가치관의 차이는 인간의 역사와 함께 옛날부터 존재하고 있는 것이다.

세대차는 어디에서부터 생겨나는 것일까. 우선 두 가지의 이유를 생각할 수 있다. 그 하나는 연장자로부터 연소자에게 가치관이나 행동 양식의 전달, 계승이 제대로 이루어지지 않기 때문에 생겨난다. 연상의 사람이 모든 일을 확실히 잘 가르치지 않기 때문이라고 해도 좋다. 소위 '예의범절의 가르침'이라는 문제이다.

예를 들면, 타인의 방에 들어갈 때에는 노크를 하는 습관이 있다. 오늘날의 일상생활에서는 당연한 것이지만 이것도 누군가가 어딘가에서 가르쳐 주지 않는 한 몸에 붙는 것은 아니다. 태어나면서부터 이루어지는 행동은 아니기 때문에 당연한 것이다. 누가 가르칠까.

원래 일본식 가옥에서는 노크를 하는 습관이 없다. 동서양을 절충한 아파트에서도 그다지 그런 기회는 없다. 초등학교에 다닐 때 그것을 가르칠 필요가 있지만, 학교 교육에서도 그러한 기회가 적고, 학교 건물도 화장실의 문 정도이니까 노크의 교육에는 적당치 않다. 가정에서도 학교에서도 가르치지 않기 때문에 노크를 모르는 채 사회인이 되었다고 해도 그것이 젊은이의 책임이라고는 말할 수 없을 것이다. 오히려 그것을 가르칠 구조를 만들고 있지 않은 세상에 책임이 있다. 사실 방에 들어갈 때 노크를 하는 것이라는 정도는 한 번 가르쳐 주면 모든 사람이 바로 몸에 익혀 다음부터는 반드시 하게 되는 것이다. 공연히 심술궂게 '저 놈 노크도 몰라'라고 생각하면서 가르치는 것을 포기하면, 언제까지나 모르는 채로 있게 되는 것이다. 연장자에 대한 인사나 말투, 혹은 손님에 대한 접대의 방법 등도 그것을 배울 기회가 없었기 때문에 어떻게 해야 좋을지 모르는 젊은이가 적지 않다. 그들은 아직 순진할 따름이다.

사회적 아저씨

이 세대간의 전달, 계승의 기구 — 연장자가 아랫사람에게 문화를 전하는 구조라고 하면 좋다 — 가 제대로 이루어지지 않게 된 원인은 첫째, 연장자들이 게으름을 피웠다는 것이다. 부모들이 자식들에게 그러한 것을 확실히 전달하는 것을 게을리 하기 시작했다. 둘째, 자신들의 방법에 자신을 잃었다고 하는 것이다. 그런 것은 학교에서 가르쳐 줄 것이라는, 학교 교육에 대한 과잉 기대가 있고, 극단적인 경우에는 사회에서 요구되는 이러한 예의범절보다도 수험에 강한 면학도가 되는 것에 가치를 두어서, 예의범절이나 언어 구사 능력을 가르친다거나 하는 것을 포기해 버린다. 말할 것도 없이 학교 교육도, 사회윤리와 공중 도덕의 전달에는 그다지 힘을 쏟지 않았다. 가정과 학교 양쪽이 책임을 서로 전가시키는 듯하다. 그뿐만 아니라 "요즘 젊은이는……"라고 말하는 사람들이, 적극적으로 후대에 무언가를 전달하려고 하지 않게 된 것도 큰 이유 중 하나이다. 옛날에는 만담에 등장하는 집주인처럼, 무지한 곰 여덟 마리를 향해서 여러 가지를 가르쳐 주는 사람이 있었다. 진짜 부모를 대신해서 중요한 것을 가르쳐 주는 아저씨라고 하는 역할이다. 이러한 사람을 사회적 아저씨라고 말해도 좋을 것이다. 일본인에게는 사회적 아저씨가 많이 존재하고 있는 것이 본래의 모습이었다. 가정 안에서도 지금처럼 압도적 다수가 핵가족화하고 있지 않았기 때문에 양친 이외의 사람들로부터 몇 개의 통로를 통해서 행동 양식을 배울 수가 있었다.

미국 인류학계의 노장인 마가렛 미드 여사는 어릴 때에 할머니의 존재가 컸음을 자서전을 통해서 밝히고 있다. 어머니는 작은 실패에도 마치 이 세상이 끝난 것처럼 크게 꾸짖었다. 그러나 할머니는 그러한 실패 정도로는 이 세상이 조금도 변하지 않는다는 것을 알고서는 별도의 충고나 위로를 해 주었다. 그 존재가 컸다는 것이다. 이러한 할머니도 여기서 말하는 사회적 아저씨의 가정판일 것이다. 원래 일본인의 가족에는 그런 역할을 하는 사람들이 양친 이외에도 많이 있었다. 집 밖에 나가도 사정은 같았다. 이웃 할머니도, 초등학교의 수위 아저씨도, 어떨 때에는 무섭게 예의범절을 가르쳤다. 길거리나 차 안에서도 연장자는 연소자에 대해서, 비록 잘 알지 못하는 상대라 하더라도 예의범절을 가르치는 역할을 다할 의무가 있는 것처럼 생각하고 있는 점이 있었다. 지금도 전통이 잘 지켜지고 있는 큰 축제의 정경 등에는 노인에서부터 어린이까지, 남녀 모두가 참가하여 그 안에서 다양한 접촉을 통해서 이 사회적 아저씨의 활약상을 잘 들여다볼 수 있다. 노인, 중년, 청년의 훌륭한 결합이 있다. 그러나 그러한 것은 오늘날 일상생활 속에서는 거의 볼 수 없게 되었다. 버릇없이 함부로 행동하고 있는 젊은이나, 제멋대로인 어린이를 보아도, 사람들은 모르는 척하고 지나가 버린다. 보고도 못 본 체하는 것이 일반화되어 버렸다. 어설프게 한마디라도 건네려고 하면, 반대로 당할지도 모른다는 분위기가 팽배해졌다. 지금 세대 단절이라는 것이 존재한다면, 그것은 무엇보다도 우선 전하는 세대 측의 자신감의 상실, 책임 포기가 질책되어야만 하지 않을까. 그리고 이러한 경향은 우리나라뿐만 아니라, 세계 어디에서나 볼 수 있는 현상은 아닐까라고 생각한다. 하지만 나카마라고 하는 점에서 생각해 보면 더 큰 문제는 젊은이들 자신 쪽에 있다. 옛날에도 젊은이들은 결코 어른들이 말하는 대로 되는 존재는 아니었다. 그래서 사실 이 젊은이들의 에너지가 사회를 조금씩이라도 바꾸어 온 것이다. 그 에너지를 축적하여, 차례로 성장해 가는 젊은이들에게 전해지는, 젊은이들 자신의 나카마가 조직으로서 확립되어 있었다. 그것은 사회적 아저씨들의 충고와 비교해도, 더 강한 구속력과 강제력을 갖고 있었다. 젊은이들 자신의 예의범절을 가르치는 조직이었다. 메이지(明治) 시대까지, 젊은이들의 조직이라든가, 젊은이들 집단 등으로 불리던 것이 그것이다. 그 조직은 점차 청년회, 청년단이라고 하는 국민 문화의 한 부분으로 재편성되어, 군국주의 시대에는 국가에 이용되었고, 제2차 세계대전 이후에는 일시적으로 부활의 조짐을 보이긴 했지만 결국은 형해화되어 버렸다.

2. 젊은이의 나카마

청년 조직, 여성 조직

청년 조직, 여성 조직은 경우에 따라서는 도가 지나친 짖궂은 장난을 하던 집단이었을지도 모른다. 그러나 일상적으로 엄격하게 개개인의 행동을 서로 규제하고 사회생활의 에티켓과 말씨로부터 연애나 결혼의 방법에 이르기까지, 서로 가르쳐 주는 나카마였다. 지금 이 조직은 그다지 계승되지 않는 것 같다. 에도 시대부터 메이지 초기까지 이 연령 집단으로서, 청년 집단은 도시에도 농촌에도 있었다. 사람들은 우선 청년 조직에 참여하여 사회생활을 시작하고, 그러고 나서 한 사람 몫을 할 수 있는 성인이 되어 가는 것이었다. 이 청년들의 집단은, 세계의 다양한 사회에서 다양한 형태를 취하면서 나타나고 있다. 어린이에서 어른이 되어 가는 중간 과정은 어디에서나 가장 중시되는 기간이고, 어른의 문화와는 다른 독특한 '청년 문화'가 존재한다.

일본의 경우를 보아도, 전통적인 청년 조직의 모습도 여러 가지이다. 민속학자 세키 게이고(關敬吾) 씨에 의하면, 그것은 대충 7가지 정도의 지방차가 있고, 각각 특색을 가지고 있는 듯하다(자료는 關敬吾,「연령 집단」,『일본민속학대계 제3권 사회와 민속 I』 平凡社 , 1958에 의거).

우선 첫 번째는, 동북 지방에 남아 있는 사슴 춤을 추는 그룹과 같은 집단이다. 미야자와 겐지(宮澤賢治)[18]의 시「원체험무련(原体劍舞蓮)」은 무용 집단의 이미지에서 생겨났다. 동북 지방에서는 이러한 예능을 중심으로 청년들이 집단을 만들고 있었다. 두 번째로 보소(房總) 반도로부터 태평양 연안을 따라서, 이즈(伊豆), 시마(志摩) 그리고 구마노(態野) 부근까지 분포하고 있는 형태로서, 청년이 조직을 만들어서 청년 조직, 성인 조직, 노인 조

18) 메이지 시대의 작가이자 농촌의 이상향 건설에 진력하여 1917년에 에사시(江刺)에 하라타이무라(原体村)을 세웠다.

직이라는, 마치 학교 제도와 같이 나이가 들어 감에 따라 조직을 통과해 가는 형태이다. 이것은 어촌에서는 널리 인정되어 있다. 세 번째는, 오사카-교토-시가(滋賀) 현을 중심으로, 긴키(近畿) 지방의 중심부에 보이는 것으로 우지가미(氏神 : 씨족신)의 미야자(宮座)[19] 조직의 일부분으로서, 통합되는 형식이다. 연령순이 중요해서, 어린이가 태어나면 서둘러 우지가미에게 우지코(氏子)[20]로 등록하러 가는 마을도 있었다.

어른 좌중(座衆)의 수가 정해져 있어서 거기에 참여하지 않는 한 어른으로서 대우받지 못한다. 노인의 '결원'이 없으면 좀처럼 어른이 될 수 없기 때문에 등록을 서두르는 것이다. 여기에서는 청년들은 성인이 되는 입문 단계로서, 청년 조직의 기간을 경과할 필요가 있었던 것이다. 네 번째 형태는 세토나이카이(瀨戶內海) 일원에 펴져 있는 것으로서, 여기에는 청년 조직과 여성 조직이 있는데, 각각 일정의 연령을 청년들끼리 숙소를 빌려서 문자 그대로 합숙한다. 청년 숙소와 여성 숙소 사이에는 교류가 있어서 내가 본 어떤 섬의 경우는, 마을 안의 청년 숙소나 여성 숙소가 여러 개가 있어서, 밤이 되면 청년들이 차례대로 몇 곳의 여자 숙소에 들르러 간다. 방문, 응접, 접대중에 에티켓이나 말씨를 배우고 또 남녀 교제의 방법도 배워 가는 것이다.

젊은이들은 저녁 식사 후 숙소에 모이고 아침 일찍 다시 자신

19) 마을의 제사 · 제례를 독점하는 우지코 안의 제사 집단.
20) 같은 씨족 신을 모시는 고장에 태어난 사람들.

의 집에 돌아가는 것이었다고 한다. 거기에서 연애 관계도 생겨났지만, 서로 나카마의 견제나 감시가 있기 때문에 반 재미 삼아 하는 교제는 오히려 배척되었다. 그러나 나카마가 진실한 연애 관계라고 인정했을 경우에는 오히려 그 성공을 응원하고 부모들을 설득하는 측에 섰다고 한다. 숙소에는 관장 격인 숙친(宿親)이 있다. 숙소는 별채 등을 빌리고 있지만, 숙친은 대개 존경과 신뢰를 받는 어른, 노인이었다고 한다.

그런데 시코쿠(四國)의 태평양 쪽, 즉 도사(土佐)의 해안을 따라서는 여성 숙소는 없고, 남자의 청년 숙소만이 있었다. 그것은 모래사장으로부터 바다를 감시하는 기능도 가지고 있고, 청년들은 그곳에 머물렀다고 한다. 이것이 다섯 번째의 형태이다. 여섯 번째의 형태는, 규슈(九州)의 서해안, 즉 동중국해를 따라서 있고 여기서는 선주가 숙친이 되어서, 남자들만이 합숙하고 있었다. 이 청년 조직은, 그대로 고기를 잡으러 나갈 때에는 선원으로서 팀을 이루었다고 한다. 텔레비전 드라마로 방영되었던 「남빛보다 푸르게」는 이러한 형태의 전통적인 청년 조직의 자취를 조금이나마 보여 주었다고 할 수 있다.

마지막으로 일곱 번째의 형태는, 가고시마(鹿兒島)의 니세구미(二歲組), 이세라고 불렸던 남자들의 단체였다. 그곳에는 엄격한 장유의 서열이 있어서 그 조직에 참가하는 의식이 전통이 되어 선배에 대한 절대 복종 등의 규정이 있었다는 것은 잘 알려져 있다. 이곳에서는 여성과의 교섭은 오히려 금지되어 있었다고 한다. 이 외에도 지방에 따라 각양각색인 경우가 있겠지만, 어쨌든 청년 조직, 여성 조직의 전통은 우리나라에서는 오래전부터 존재하고 있었다.

청년단

새삼스럽게 이와 같은 청년 조직의 전통을 끄집어 내었던 것은, 앞서 조금 언급했지만 이 전통이 요즘에는 사라졌다고 생각하기 때문이다. 지방적인 차이가 큰 이 청년 조직은, 메이지 20년(1887)경부터 청년회, 나아가 청년 집단 조직으로서 재편성된다. 다이쇼시대(大正時代, 1912~1926)에 들어가면, 그것은 문부성이나 내무성의 적극적인 '육성' 정책에 의해서, 다이쇼 13년(1924)에는 대일본연합청년단이라고 하는 전국 조직이 되었다. 이것은 청년 조직의 재편성임에는 틀림없지만, 정확하게는 '재편성'이라기보다 오래된 지방적인 전통을 무너뜨리고, 그 대신에 새로운 것을 만들었다고 보는 것이 좋다. 오랜 전통 속에 있었던 몇 가지의 성격은, 새로운 '근대적' 청년단에서는 오히려 부정되었다. 예를 들면 청년 숙소와 여성 숙소의 교류 등은 풍기상 바람직하지 않다는 이유로 부정되고, 술을 마시는 것 등도 — 사실은 몇몇 소수의 축제날에 즐기는 것에 지나지 않았던 것까지 — 좋지 않은 것으로 여겨졌다. 일본 제국의 청년에 어울리는 수양이나 공부, 몸을 단련하는 장으로서의 청년 조직으로 변신이 요구된 것이다. 각 마을의 초등학교 선생이나 주재소의 순경 등이 열성적인 지도자가 되었다. 그래서 이 청년 조직은 그대로 군사교련을 축으로 하는 청년 훈련소(1927), 청년 학교(1935)의 교육으로 이어졌다. 젊은이들끼리 서로 부딪치며 사회적 훈련을 몸에 익히고, 동시에 평생의 친구를 만들어 가는 장소로서 청년 조직, 여성 조직은 이렇게 해서 일반 민중의 차원에서는 사라져 버렸다.

제2차 세계대전 직후, 복원(復員)과 실업의 결과, 지방에 돌아온 청년들이 자주적으로 연극대회라든가, 학습회 그리고 본오도리(盆踊り)[21]를 주최했던 시기가 있었다. 그러나 이것은 전후 체제가 부흥기로 향할 무렵부터 구성원이 감소되어, 명목적인 각종 단체로서 지방자치체의 사회 교육 조직 등에 편성되어 있어도, 대부분 기능 정지 상태가 되어 버린 경우가 적지 않았다. 오히려 메이지 초기까지의 청년 조직, 여성 조직의 전통은, 각지의 구제(旧制) 고교나 전문학교의 기숙사 생활과 같은 경우로 계승되었을지도 모른다. 거기에는 젊은이들의 '자치'가 있고 '자유'가 있었다. 그 학교 소재지의 사람들도, 상당히 질서 없고 점잖치 못한 행동을 하더라도, 젊은이들이 으레 하는 것으로 용인하는 경우도 있었다. 그리고 젊은이들은 자신들의 나카마를, 그 시대에 만들어 내고 있었다.

오늘날의 일본을 실제로 움직이고 있는 40대 후반 이상의 사람들의 '인맥' 내지 '나카마'에는 그 출신 고교, 출신 전문학교의 동급생이나 동창생이 제법 큰 비중을 차지하고 있다고 여겨진다. 그것은 그들에게 있어서는 고교 시절의 친구는 바로 청년 조직의 나카마였기 때문이 아니겠는가. 거기에는 젊은이들만의 노래가

21) 음력 7월 15일 밤에 남녀들이 모여서 추는 윤무.

있고 패기가 있고 애환이 있었다. 그 기억이 나카마 의식에 크게 투영되어 있더라도 이상한 일이 아니다.

6·3제 후의 청년 조직

제2차 세계대전 후, 청년 조직의 전통은 이 고교, 전문학교로부터도 없어져 버렸다. 그 대부분이 대학으로 간판을 다시 걸어서, 구제의 전후 교육은 청년 조직에 참여할 세대를 중학, 고교, 대학으로 나누고, 게다가 풍속적으로는 새로운 고교의 스타일로 수렴해 갔다. 대부분의 중학교 졸업자가 고교에 진학하게 되기 이전부터, 젊은이들은 신제 고교적으로 되어 갔던 것이다. 청년 조직을 부활시키기는커녕, 그 구성원의 대다수가 이 고교생 방식의 행동으로 변해 버려서 활동 정지를 재촉하게 되었다. 그리고 진학, 취직이 경쟁시험의 시스템으로 정비되고 강화되자, 더 이상 지역적인 젊은이들에 의한 나카마의 모습 등이 좀처럼 생겨나기 어렵게 되어 버린 것이다.

지금 간신히 청년 조직적인 전통을 잇고 있는 것은, 학교의 여러 운동부나 서클 등이다. 거기에는 아직 선배로부터 후배로, 청년들 독자의 자율적인 문화가 전해지고 있다고 생각한다. 가끔 그것이 기합사건 등으로 문제가 되기도 하지만, 독특한 친구를 만드는 기회가 된다고 말할 수 있다. 또 의식적인지 어떤지는 모르겠지만 공산당의 민주청년동맹이나 공명당의 청년부같이 정당의 청년 조직도, 젊은이들의 나카마 만들기에 힘을 기울이고 있어서, 그런 의미에서는 청년 조직 내지는 청년단의 전통을 계승하고 있는 곳이 있다. 학생 운동의 각 당파도, 역시 나카마 만들기의 장소라고 해도 좋을 듯하다. 그러나 이들 청년 집단이 이상하게도 우등생을 지향하는 듯한 수양, 학습, 단련이라는, 대일본연합청년단적인 경향을 띠고, 일찍이 젊은이 집단의 에너지 폭발 같은 것이 별로 보이지 않게 된 것은 어찌된 일일까. 원래, 생활 집단으로서의 마을 조직에 편성된 청년 조직은, 문자 그대로 전인격적 교제가 젊은이들 사이에 기대되어, 거기에서는 노동이나 생활뿐만이 아니라, 축제나 오락, 이성과의 교제, 게다가 마을의 방위나 화재시의 출동 등이 전부 포함되어 있다. 그런 까닭에 젊은이들은 거기에서 삶의 보람을 발견하고 즐거워했다. 나아가 그것은 동시에 어른의 세계에 들어가기 위한 준비, 훈련의 장이기도 하고, 그런 의미에서도 사회적 승인을 받는 장소였다. 지금 그러한 형태로 젊은이들을 포섭해 가는 듯한 나카마 조직은 그다지 없을 듯싶다.

오늘의 젊은이들 대다수는 중학교나 고등학교를 졸업할 때부터, 대중 사회 속의 일원으로 내던져져서, 청년 조직 같은 인생에서의 통과 경험—청년 조직 가입에는 가끔 몇 가지의 엄격한 시련이 가해지기 때문에, 그것을 입사식이라고 부르는 곳도 있는데, 그러한 통과의례의 체험도 하지 않는다. 갑자기 어린이에서 어른이 되어, 어떻게 하면 좋을지 모르는 채로, 고립감이나 소외감을 갖게 되는 것도 적지 않을 것이다. 앞으로의 일본을 생각할 때, 이 행방을 알 수 없게 되어 버린 청년 조직의 전통을 어떻게든 재평가하여, 우리 사회에 부활시킬 필요가 있지 않겠는가. 지금 예를 들면 성인의 날 행사 등은, 완전히 형식화되어 버렸고, 똑같이 청년들을 대상으로 한 여러 가지의 사회 교육이 반드시 충분하게 활용되고 있는 것은 아니다. 이 부분에 대하여 좀더 연구할 필요가 있으리라고 생각한다.

3. 경험의 중요성

세대의 지위 역전을

앞에서 말한 세대 차이가 생겨나는 또 하나의 이유는 시대의 변화이다. 연장자와 연소자의 관계가 가르치고 배우는 일종의 상하 원칙으로서 확립되어 있는 것은, 연장자의 능력이 뛰어난 경우이다. 경험이나 숙련이 실력을 말하는 세계에서는 이것은 당연한 것이다. 연공(年功)은 그대로 능력차를 나타내고, 신출내기 젊은이들로서는 도저히 따라갈 수 없는 기량을 연장자가 나타내 보일 수가 있다. 농업의 기술이라든가, 주조나 단련의 기술이라고 하는 것도 그러한 오랜 경험에 의해 좌우되는 것이 많았다. 그러한 사회에서는, 비록 세대 차이가 있다 하더라도 그 차는 메울 수가 있었던 것이다. 그러나 그것은 기술 수준이 어느 수준에서 안정 내지는 정체하고 있을 때의 이야기이다. 만약 상황이 변해서 잇달아 새로운 기술이 들어와 더 이상 경험만이 실력을 말하는 시대가 아니면 사정은 달라진다. 연장자와 연소자의 갭이 커지거나 지위가 역전되는 경우가 일어날지도 모른다.

지금부터 약 15년 전, 일본의 농촌에서는 이런 역전 현상이 두드러진 때가 있었다. 농업의 방식에 새로운 기계나 비료, 그 밖의 기술이 차례차례로 들어와서 그때까지의 전통적인 방식이 대체되어 갔다. 바로 기술 혁신이었다. 예를 들면, 이제까지 말로 밭을 갈던 곳에 트랙터가 들어오지만, 말을 다루는 방법 등에 오랜 경험을 갖고 있던 노인은 트랙터의 구조를 알지 못해 그것을 몸에 익힌 젊은이가 아니고서는 논밭을 경작할 수도 없게 된다. 결국 농업에 대해서 두 손을 놓아 버리게 된다. 그래서 농업에 관한 발언권을 젊은이가 쥐게 되고 더욱이 가정에서도 노인의 힘은 약화되어 간다. 여러 가지 측면에서 세대 차이가 생겨났다. 똑같은 것은 도시의 직장에서도 일어나고 있다. 사무 혁명은 꽤 광범위하게 인식된 현상일 것이다. 셈이 빠른 사람보다도, 컴퓨터 지식이 있는 사람이 필요하게 되었다. 일반 서류철이 파일 시스템으로 바뀐다. "옛날에는 등사판 끌기를 3년이나 했는데 ……"라고 말하는 노조의 간부는 복사기나 프린터에 길들여진 젊은 사람들을 따라갈 수 없게 된다. 옛날 이야기를 끄집어내면 고리타분하다든가, 고지식하다고 말할지도 모른다.

이것은 인간 관계 본연의 모습에도 당연히 반영된다. "오늘은 아내가 아파서 일찍 돌아가야 하겠습니다"라고 하면, "이놈아 일이 중요한가 아내가 중요한가"라고 하는 것은 역시 세대 차이인 것이다. 옛날에는 가족이 많아서 환자가 한 사람 있더라도 간병할 사람이 있었다. 지금의 핵가족 단위에서는 아내가 병에 걸리면 남편은 취사, 세탁, 아이 보기 등 전부를 대신하지 않으면 안 된다. 남몰래 인간 관계의 개선을 생각해서 늦은 밤에 선술집에라도 불러내려고 젊은 사원에게 말을 건네는 순간, 일언지하에 거절당했다는 중간 관리직의 중년 남자의 투덜거림도 똑같은 사회적 배경의 반영이라고 보아도 좋다. 우리나라는 그래도 이미 검토한 바와 같이 다테사회적 구조도 겸비하고 있기 때문에, 노인을 모실 줄도 알고 또 노인의 지혜를 빌리는 경우도 있다. 옛날만큼은 아니지만 경로 정신도 문화로서 남아 있다. 그럼에도 불구하고 이 시대의 변화에 따른 젊은 세대의 대두는 분명하다고 해도 좋다. 그리고 이것을 원인으로 하는 세대 차이, 혹은 세대의 지위 역전은 피할 수 없고, 그것을 완전히 해소할 수는 없을 것이다. 오히려 이 갭이 사회를 진보시키고 있음을 인정해야 할 것이다. 지금 연소자와의 갭으로 고민하며 방황하고 있는 사람들도, 전에는 그 선배들을 애태우면서 "요즘 젊은 사람들이란……"이라고 말하게 하였을 것이다. 차라리 이 후진 우위의 경향은 즐겁고 좋은 것이다. 그것을 아니꼽게 받아들여 화를 내지 않는 것이 현명하지 않겠는가. 오히려 문제는 반대의 경우가 심각할 것이다. 생각해 보라. 젊은이들이 모두 무능하여 당신이 노년이 되어서도 아직 보살펴 주어야만 한다면, 그 얼마나 불행한 일이겠는가.

실력을 좌우하는 경험

수년 전에 내가 근무하는 교토대학의 산악부가, 우쓰기다이라(槍平)에서 동계 산악 훈련중에 조난을 당해서 다섯 명의 학생이 사망했다. 심야에 눈사태를 만난 것이다. 이 산악부는, 오랜 전통과 수많은 빛나는 기록을 자랑하며 많은 훌륭한 선배가 있다. 그 때문에 뉴스를 들었을 때 "설마 그 산악부가"라고 생각한 사람이 적지 않았다. 사실, 그 조난이 이 산악부의 역사상 최대의 아픔이었다.

나 자신이 산에 관한 지식이 없기 때문에 그 기술에 관해서 평가할 수는 없다. 조난을 피할 수 있었던 것인지 여부도 알 수 없다. 지인인 노련한 등산가들도 많은 얘기를 하고 싶어하지 않는다. 무어라 말하더라도 잃어버린 젊은 생명은 돌아오지 않는 것이니까, 죽은 사람들을 향해 마치 비판하는 듯한 것은 말하고 싶지 않다. 다만 나에게는 그전부터 한 가지 염려되는 것이 있었다. 그리고 그 염려스러웠던 것이 이 조난에 의해서 현실로 나타난 것만 같은 생각이 든다. 내 생각이 잘못된 것인지 젊은 사람들에게 들어 보고 싶다. 그것은 그 전년도부터 현역 산악부원들이 선배들과 관계를 끊고 독자적으로 산악부 활동을 하려고 한다는 사실을 들은 적이 있었기 때문이다. 만약 그 말이 오보였다면 나의 추측은 틀린 것이겠지만, 나는 그렇게 생각하지 않는다. 이 독자노선을 걷기 시작한 후 부원 한 사람이 추락사를 했다. 성격이 밝고 도저히 죽을 것 같지 않던 남자였다고 그 나카마가 내게 말했다. 그때 나는 직감적으로 무언가 잘못되고 있다는 생각이 들어 큰 사고로 이어지지 않았으면 하는 불안이 스친 것을 지금도 기억하고 있다.

나는 이렇게 생각한다. 즉 등산이라든가 탐험이라고 하는 것은 지식으로서만 익혀지는 것은 아니다. 그 기록으로부터 상상하고 이미지 속에서 마음대로 몽상하는 것은 자유이다. 그러나 실제로 해 볼 때에는 몸으로 느끼고 피부로 느껴서 비로소 터득할 수 있는, 말하자면 표현하기 어려운 요령이라든가 감이라는 것이 있는 모양이다. 그것은 말하자면, 수렵채집민이 산으로 들로 다니는 것과 같은 요소가 포함되어 있다. 당연히 징조나 느낌에 민감하게 반응하고 대처하는 것이 필요할 경우가 있다. 물론 과학적, 기초적인 지식을 충분히 몸에 익힌 뒤에 이 지극히 섬세하고 직감적인 것이 중요하게 된다.

컴퓨터 사용 방법을 익히는 것이라면, 새로운 메뉴얼이 생기면 베테랑 교사도 소용없는 경우도 있을 것이다. 그것은 기계적인, 기계와의 교제이기 때문에 이쪽이 틀리지 않는 한 컴퓨터도 틀리지 않고 부주의를 확실히 점검해 주기 때문이다.

그러나 산을 걷는 것 같은 인간의 행위에는 아무래도 경험이 결정적인 힘을 발휘하는 측면이 크다. 미숙한 젊은이는 경험을 쌓은 노인의 지혜로부터 배워야 할 것이 많다. 그 점은, 원래 산을 걷는다는 것이 극히 원시적으로 자연과 교제하는 것이고, 산타기를 배우는 것은 수렵민의 아이가 그 어른들로부터 들짐승을 잡는 법을 배우는 것과 같은 것이다. 만약 산악부의 현역들이 선배의 힘을 빌리지 않으려고 한 것이 사실이라면, 나는 그 의도를 모르는 바는 아니나 동시에 그 시도는 무모한 자기 과시가 아니었을까라고 느꼈다. 모처럼 전통적으로 배양된 것을 선악우열도 가리지 않고 한데 버무려 버리는 것은 어리석은 자살 행위가 아닐까. 그것은 문자 그대로 생명의 위험으로 이어지는 것이다. 그때 문득 느꼈던 필자의 불안은 불행히도 큰 조난으로 이어져 버렸다. 조난 이야기를 꺼낸 것은 다른 의도가 있어서가 아니다. 젊은이들에 대해서 지금 어른, 상대적으로 연장자는 무엇을 해야 하는가를 다시 한 번 생각해 두고 싶었기 때문이다.

경험을 전달하는 통로를

젊은이들의 이러한 독립적인 행동을 보았을 때, 연장자는 어떻게 하면 좋은 것일까. 인정이 종이처럼 얇아졌다고 하는 요즈음, 내 알 바 아니라며 그냥 내버려 두어도 좋은 것일까. 어떤 직장의 경우에도 실은 다소나마 이와 비슷한 일이 일어나고 있는 것은 아닐까. 노인의 입장에서 볼 때, 매우 위험하게 보이는 것을 젊은이는 아무렇지도 않게 하는 것이다. 앞에서도 언급했지만 시대의 변화, 특히 기술 혁신을 동반한 변화는 경험이나 숙련의 중요함, 내지는 연공이라고 할 만한 것의 중요성을 자칫하면 잊어버리거나 혹은 가볍게 보아 넘기는 경우가 있다. "그것은 이미 구식이야"라든가, "시대에 뒤떨어졌다"라고 말하면, 그로써 침묵해 버리는 것이 모든 상황에서 일어날지도 모르는 것이다.

그러나 사실은 인간이 하는 일은 대부분 오래전부터 그렇게 변하고 있는 것이 아니다. 언젠가 젊은 학자로서는 발군의 탐험 경력을 갖고 있는 친구가 "인간이 하는 일은 결국은 먹는 것과, 성교하는 것 외에는 아무것도 없지 않는가"라는 의견을 말한 적이 있다. 나는 그때 아니 그 외에도 여러 가지 할 일이 많다고 생각했다. 그러나 생각해 보면, 그의 의견은 상당히 정곡을 찌르고 있다. 그 밖의 행위는 전부 식생활, 성생활의 대상(代償) 행위라고 하는 설도 성립할지도 모른다. 또 거기까지 축소하지 않더라도 실제로 인간이 기본적으로 하는 것은 그렇게 변하고 있는 것은 아니다. 그러므로 경험의 누적이 크게 좌우되는 경우가 지금도 결코 적지 않은 것이다.

최근 수년 내 뉴스가 되었던 몇몇 공장의 큰 사고의 원인은 대부분 단순한 조작 실수였거나 사소한 부주의였다. 이들 사고도 또 경험 부족과 관계가 있을 것 같다. 오늘날 한편으로 자동화가 이렇게 발달하고 있음에도 불구하고, 베테랑이라면 피할 수 있었을 것으로 여겨지는 사고가 너무나 많다는 것이다. 문의 노크나 전화 통화의 매너 같은 에티켓이나 언어 사용을 비롯하여 고도의 기술의 노하우에 이르기까지 모든 인간의 행동은 문화로서, 한 세대로부터 다음 세대로 전달, 계승되어 가는 것이다.

흔히 본능적인 행위라고 생각되는 것이라도 각각 문화 속에서 만들어진 형태를 그대로 지키고 있는 경우가 적지 않다. 식사하는 방법, 즉 일본인이라면 젓가락을 사용한다는 것이나, 배설하는 방법도 '예의범절의 가르침'에 의해서 사람들은 선대로부터 배워서 몸에 익힌 대로 행동하고 있는 것이다. 만약 이 예의범절을 제대로 가르치지 않았다면, 어떠한 사태가 발생되었을까. 말할 것도 없이 문화의 계승은 거기서 단절되었을 것이다. 문화는 그 대를 잇지 못하고 소멸해 버렸을 것이다. 그래서 예의범절을 가르친다는 것은 어른의 역할이며 또한 어른의 중대한 책임이라고 말하지 않을 수 없다.

만약 현재 젊은이들이 잘못된 길을 걷고 있다면, 그것은 젊은이들의 탓이 아니라 예의범절을 가르치는 것을 포기하고, 그들을 하고 싶은 대로 하게 내버려 둔 어른의 책임이라고 말해야 할 것이다. 선배로부터 그 경험을 배우는 것을 거부해서 조난을 당한 젊은이들을 죽인 것은 선배로부터 배우는 것이 얼마나 중요한 것인가를 평소 가르치지 않았던 부모들이나, 혹은 단순히 반항 정신만을 시인하여, 제멋대로 하게 내버려 둔 교사들이 아니겠는가.

물론 시대는 진보하고 있으니까 아무리 어른이 예절을 가르치더라도 젊은이들은 자신의 길을 선택하여 정진해 갈지도 모른다. 거기에 새로운 전개가 있는 것도 사실이기 때문에 그것을 인정하지 않을 수는 없다. 그러나 그렇다고 해서 예절을 가르치는 것을 처음부터 포기해 버리는 것은, 어른들의 책임 회피라고 말할 수밖에 없다. 최소한 어떠한 기회를 잡아서라도, 어른들은 그 경험을 다음 세대에 전하는 시도를 해야만 한다. 그것을 포기해 버리면, 문화의 계승은 불가능하게 되어 버릴 것이다.

그렇다면 어떤 수단이 필요할까. 나는 어른들의 그룹과 젊은이들의 그룹이, 단절되어 버리는 듯한 조직은 바람직하다고 생각하지 않는다. 가능하다면, 두 세대를 감싸 안을 수 있는 나카마의 모임을 원한다. 그래서 그 속에서 자연히 어른들의 서브 그룹, 젊은이들의 서브 그룹이 나눠는 모양이 무엇보다도 바람직하다고 생각한다. 전통적인 일본의 청년 조직은 어디까지나 어른들의 그룹에 대한 서브 그룹이었던 것은 아닐까.

4. 멀고도 가까운 것

남녀 칠세가 되면

그런데 세대 차이와 더불어 나카마 사이에는 성(性) 차이가 있다. 이성인 나카마와의 교제는 의식하든, 하지 않든 동성끼리의 교제와는 다소 사정이 다른 것이다.

일본에서는 '남녀칠세부동석'이라는 말이 제2차 세계대전이 끝날 때까지는 하나의 도덕 목표였다. 물론 초등학교 등 공학의 경우가 많았기 때문에 실제로 함께 자리를 하지 않는다고는 할 수 없다. 그러나 이 말에 내포되어 있는 조심성이 기대되고 있었다. 여자만을 생각하고 있는 남자는 불량 청소년으로, 남자와 지나치게 교제가 많은 여자는 조심성이 없는 사람으로 여겨졌다. 말과 태도에까지 성별에 의한 차이가 있고, 남자다움, 여자다움을 매우 강조했다. 일본 문화에는 남성 문화와 여성 문화 두 가지가 있는 것으로 여겨질 만큼 그 차이가 인정되고 있었다. 제2차 세계대전이 끝날 때까지 이 성별의 강조는 계속되었다. 일본의 학교 교육, 사회 교육 안에는 "남녀 칠세가 되면"이라고 하는 이념이 깊숙이 뿌리를 내리고 있었다. 의무 교육은 어쨌든 중학교와 여학교는 완전히 별개의 존재였고, 여성에게 문호를 개방하고 있는 대학은 거의 없었다. 청년단 등도 남자, 여자가 별도의 조직이었다. 마치 완전히 별개의 교육을 실시함으로써 남성 문화, 여성 문화를 구분해 버리려고 하는 것 같았다.

그 경향은 남아프리카 부근에 남아 있는 인종 차별의 아파르트헤이트[22]정책과 조금은 공통점이 있다. 거기에는 백인과 흑인은 근본적으로 다르기 때문에 각각 다른 문화 속에 있는 것이 가장 좋다고 하는 사고방식이 있다.

제2차 세계대전 전의 남녀 차별 교육의 사고방식도 남자와 여자는 태어나면서부터 다르기 때문에 남자는 남자의 교육, 여자는 여자의 교육을 하는 것이 좋다는 것이다. 지금도 이 사고방식은 일부의 사학 등에 계승되고 있을 정도이지만, 어느 연대 이상의 사람들은 아직 거기에 향수를 느끼고 있는 듯하다. 이것은 마치 인종 차별 정책을 지지하는 완고한 유럽계 노인과 비슷하다. 그런 사고방식이 남아 있기 때문에 남녀 공학이 일반화되고 대학의 문학부 같은 데는 우수한 여학생이 증가하고 있는 오늘날에도 아직 여성 차별은 현실로 존재하고 있다. 지금도 '여고'나 '여대'가 남자 금지 제도의 전통을 지키고 있고 취직 기회나 직장의 업무상 남녀 차별이 없는 것이 원칙이지만, 실제는 끊임없이 문제가 되고 있다. 여성이 일반적으로 직장에 진출하는 것은, 소위 '차 나르기', '직장의 꽃'과 같은, 결혼하기까지의 일시적 취직을 별도로 치면 결코 쉬운 일은 아니다.

---

22) '격리'를 의미하는 아프리카어로 특히 남아프리카공화국의 극단적인 인종 차별 · 인종 격리의 정책과 제도를 말한다.

도쿄대학의 '부인 연구자 연락회의'를 소개한 신문 기사에 "부인 연구자의 50대 사람들은 대부분이 독신이고 40대는 결혼은 했지만 자녀가 없다. 30대가 되어서 겨우 아이를 기르면서 연구하는 패턴이고 이것은 부인 연구자가 안고 있는 문제의, 하나의 역사적인 상징이다"라고 사무장의 이야기가 소개되어 있다. 대학과 같은 진보적으로 보이는 곳에서조차 그러하니까 사회 일반의 직장에는 더욱 노골적인 형태로 낡은 일본 교육의 전통인 "남녀 칠세가 되면"이라고 하는 사고방식이 잔재해 있다고 보아도 틀림없을 것이다. 상당히 변화되었다고는 하지만, 성별의 강조는 여전히 강하게 일본 문화에 뿌리를 내리고 있는 것이다.

'근세유제(近世遺制)'의 여성 차별

이 "남녀 칠세가 되면"이라는 말의 출전은 중국 고전의 하나인 『예기(禮記)』이다.

남녀는 다르다고 하는 의식의 강조는 원래 유교적인 사고방식이고, 그것이 에도 시대에 서민에게까지 확대되어 정착된 것으로 보인다. 원래 그것은 오히려 무사 계급의 행동 규범이었을 뿐, 일본인 전체의 것이었는지는 의심스럽다. 그러나 여성 지위의 강등은 에도 시대의 유교가 촉진했다고 보아도 좋을 것이다. 가이바라 에키켄(貝原益軒)[23]의 『여대학(女大學)』과 같이 남성 중심의 사회를 지지하고 남존여비의 체제를 만족하게 여기는 것을 주입

23) 1630~1714, 에도 시대 전기 · 중기의 유학자.

시키는 것은, 오히려 가계를 중시하는 무사적 이데올로기의 전개였다. 그것은 메이지 이후에도 후쿠자와 유키치(福澤諭吉)[24)]와 같은 개명적인 논자도 있었다고는 하나, 메이지 민법 등에 의해서 오히려 나라 전체의 문화, 국민 문화로서 채용되어 일본인 전체를 방향지어져 가는 것이다. 여성 차별은 이러한 의미에서는 '근세가 남긴 제도(近世遺制)'라고 할 수 있을 것이다.

오히려 일본인의 역사에서는 남녀 차별을 그다지 하지 않았다는 측면이 있다. 특히 산업혁명까지 경제의 중심이었던 농업 생산은, 남녀가 함께 작업하는 것이 원칙이었다. "할아버지는 산에 땔나무를 베러 가고, 할머니는 강가에 빨래하러 간다"라고 하는 옛날 이야기의 한 구절은, 성별에 기초를 둔 분업을 나타내고 있지만, 동시에 그 협력에 의해서 생활이 성립됨을 말한다. 신화 등에도 큰 사건 속에 여성의 활약이 두드러지고, 그 역할의 중요성을 시사하고 있다. '누이동생의 힘'이 중요함을 지적한 것은 야나기다 구니오(柳田國男)[25)]이지만, 일본 문화는 아프리카와 유럽, 나아가 중국의 문화와 비교하더라도 본래는 여성의 지위가 높았다고 생각해도 좋은 것이 아닐까. 그것을 일부러 관상적 여성스러움으로 치닫게 한 것은 무사적 문화였다고 생각한다. 가정의 주부를 '마님'이라고 부르는 것도 근원을 더듬어 보면 무가의 안

---

24) 1835~1901, 메이지 시대의 대표적 민간 계몽사상가.

25) 1875~1962, 일본 민속학의 수립·발전에 최대의 공로자로 일컬어지는 민속학자.

팎의 관계에서 비롯된다. 이것은 확실히 근세유제라고 할 수밖에 없다.

일본 문화에서 남녀간의 거리는 원래는 그렇게 떨어져 있지 않았다고 나는 생각한다. "멀고 가까운 것은 남녀 사이다"라고 말하는 것은 세이쇼 나곤(清少納言)[26]의 『마쿠라노소시(枕草子)』에 유래한다. 이 '남녀'는 마에다본(前田本), 노인본(能因本)[27] 등에서 나타나 원래는 단순히 '사람 사이'였다는 것도 흥미롭다. 헤이안 시대의 재녀에게 중요한 것은, '남녀 사이'보다도 '사람 사이'였다는 것일지도 모른다.

외국인 예를 들면 유럽인 등의 경우, 남자는 큰 키에 털이 많이 나고 게다가 건장하여 매우 남성적인 데 비해서 여자는 체구가 작고 가슴과 엉덩이가 매우 여성답게 발달한 사람을 자주 발견할 수 있다. 아프리카인의 경우에도 동일하다고 말할 수 있다. 그것에 비교한다면 일본인은 이러한 성차(性差), 성별에 의한 형질의 차이는 오히려 작고, 이를테면 모두 중성적이라고나 할까. 남성다움, 여성다움의 강조는 오히려 외래 문화의 영향에 의해서 이루어지고 있다. 일본인의 문화에는 예를 들면 전통 의상처럼 그 구조가 기본적으로 성별의 차가 별로 없는 것을 볼 수 있다. 이렇게 보면 성별에 의한 문화 차이를 만들고 그것을 강조한 것은 오히려 일본인의 역사에서는 새로운 것일지도 모른다.

---

26) 헤이안 시대 중기의 여류학자.

27) 현재 전해지는 『마쿠라노소시』의 본문 네 계통 가운데 한 가지.

5. 연령, 성별을 초월하는 나카마

부부는 나카마의 원점

여기에서 새삼 생각해 두고 싶은 것이 있다. 그것은 "부부는 집안일까"라는 것이다. 혈연 관계를 기초로 한 인간의 집합을 집안이라 부르고, 그렇지 않은 집합을 나카마라고 부르려는 것이 이 책에서 우리의 우선적 분류 기준이었다.

이제까지, 그 기준에 따라 이야기를 계속해 왔다. 그러나 이성의 나카마에 관해 언급할 경우 결혼에 의해서 맺어진 남녀, 즉 부부에 관하여 언급해 두지 않을 수 없다. 부부는 무엇보다도 중요한 집안으로 여겨지고 있다. 그러나 혈연 관계는 아니지 않는가. 아이들의 입장에서 보면 양친은 누구보다도 가장 가까운 혈연자이고 집안의 넘버원이다. 그러나 그 부친과 모친은 본래는 타인이다.

세상에는 사촌간의 결혼도 있다. 좀더 먼 친척 사이의 결혼도 있다. 지방의 구가(舊家)의 노인의 이야기를 들어 보면, 가까운 곳의 비슷한 집안 사이에 통혼(通婚)이 되풀이되고 있어서, 3~4대 거슬러 올라가면 가까운 이웃에 살고 있는 사람은 모두 혈연 관계자뿐이라는 느낌이 드는 경우도 적지 않다. 그러나 이런 예는 일본인의 사위 선택, 며느리 선택, 배우자 선택 전체 가운데서는 오히려 소수파였을 것이다. 오늘날에는 통혼권(通婚圈)이 대단히 확대되어 있고 국제 결혼도 점점 많아지고 있다. 또 비록 사촌간의 결혼이라 해도 그 결혼 사유가 특별히 혈연 관계이기 때문은 아닐 것이다. 지금은 오히려 본인끼리의 의지가 존중되는 것이 보통이고, 결혼하는 당사자는 두 사람이 서로 사랑하고 서로 협력해서 공동생활을 지속하고 싶다고 하는 희망에서 결혼하는 것이다. 두 사람은 서로 아는 사이였다 하더라도 결혼할 때까지는 타인이고, 결혼에 의해서 가장 친밀한 사이가 되며, 나아가 그 두 사람 사이에서 태어나는 아이들이 볼 때 가장 중요한 가족이 되는 것이다.

그렇게 생각해 보면 실은 부부는 나카마인 것이다. 나카마 중에서도 가장 원점에 해당하는 것이라고 말할 수 있을지도 모른다. 집안 가운데서도 가장 근간(根幹)에 있는 가족, 그 가족을 새롭게 만들어 내는 것으로서의 결혼, 부부의 약속은 실은 타인끼리의 나카마적인 결합에 의해서 성립하는 것이다. 사회생활은 이렇게 재미있는 것이다.

부부 관계는 흔히 상호 배타적인 관계라고 말한다. 어떤 종류의 행위는 부부끼리만 독점하고 타인을 개입시키지 않는다. 경제적 공동, 공산(共産), 성생활, 육아 등은 부부만의 프라이버시가 있다.

결혼생활이라는 것은 어떤 것일까. 한마디로 말하자면, 그것은 부부의 나카마로서의 공동 행동, 공통 체험의 축적이라고 해도 좋을 것이다. 정열적으로 불타오르는 듯한 연애감정은 그대로 언제까지나 계속된다고 할 수 없다. 그것이 부부를 만들어 내는 계기가 되었다 하더라도 그 뒤의 부부의 공동생활은 오히려 성격이 좀 다른 나카마로서 연대의 지속에 있다고 생각한다. 거기에는 이성의 나카마의 원점이 있다고 생각해도 좋지 않을까.

양성의 협력

지금 '여성의 사회 진출'이라는 형태로 보이는 것은, 소위 근세의 여성 소외 시대를 거쳐, 다시 남녀 양성의 협력이 부활하는 것이라고 생각할 수는 없겠는가. 오늘날에는 남성 중심의 직장이라고 여겨져 왔던 곳에도, 속속 여성이 등장하고 여자의 세계라고 여겨져 왔던 곳에 반대로 남성이 참가하는 경우도 적지 않다.

남녀 차이를 초월한 통합은 유치원에서부터 대학까지의 학교교육에서 남녀 공학의 일반화에 의해 널리 세상에 받아들여지게 되었다. 여성 유권자의 움직임은 정치에도 직접적인 영향을 크게 미치고 있다. 오늘날에는 남성만이 사회를 움직이고 있다고 생각하는 사람은 그리 많지 않다.

물론 나카마 가운데는 동성만으로 이루어진 경우도 적지 않다. 특히 중년 이상의 모임에는 남성, 여성만으로 이루어진 모임이 많다. 부부 참가를 원칙으로 하는 클럽도 있지만 남성 일색, 여성 일색의 조직도 상당수 있다. 그러나 이러한 동성만의 나카마가 성립하여 존속하는 것은, 실은 이성의 협력에 의한 경우가 많은 것이다. 사회는 본래 남녀 양성으로 성립하고 있기 때문에 이것은 어떤 의미에서는 당연하다.

1975년 5월 16일, 일본 여성 히말라야 등산대가 에베레스트 등정에 성공했다. 여성만으로 구성된 등산 나카마의 원정이지만, 그것을 지지한 남편들이 있었고, 현지의 이성인 셰르파들의 응원이 절대 필요했었다. 등정자가 일본의 다베이 준코(田部井淳子)와 셰르파인 안체린 두 사람이었던 것이 그것을 상징적으로 나타내고 있다. 이성의 나카마라는 굳건한 팀워크가 없었다면 이 기록은 생겨나지 않았을 것이다.

똑같이 남성이 중심이 되어서 움직이는 나카마의 활동에도, 사실은 그 뒤에서 내조하는 여성들의 힘을 결코 경시할 수는 없다. 그 실례를 이것저것 들 필요는 없다. 일상생활에서도 어느 일을 완수하기 위해서는 남녀 협력은 반드시 필요한 전제인 것이다. 그럼에도 불구하고 이성의 나카마와의 교제는 의외로 번거로운 면이 있다. 부부 사이에서도 항상 완전히 마음이 상통한다고는 말할 수 없다. 보다 넓은 나카마가 되면 그것이 문제가 된다.

고다와리(こだわり)와 오모이야리(思いやり)

이성과의 교제 방법이 원인이 되어 나카마 사이가 거북해지기도 하고 문제가 생기기도 해서 마침내는 나카마로서의 모임이 해체되어 버리는 일은 어디에나 의외로 많지 않을까. 직장에서처럼, 간단히 해체해서 얼굴을 마주치지 않게 되는 것이 어려운 곳에서 이러한 문제는 오히려 기묘하게 이면에 가리워져 그만큼 우울한 분위기를 연출하는 원인이 될지도 모른다.

그 하나의 원인은 오래된 남녀 차별관이다. 연장자 사이에는 고루하고 떨쳐 버리기 어려운 편견, 여성 경시 경향이 있는 것은 부정할 수 없다. 이것은 앞에서 언급한 전전의 교육과 관계가 있다. 그 잔재는 의외로 젊은 사람들 사이에도 남아 있고 여성에게도 그것이 없다고는 할 수 없다. 이 차별은 간단히 말하면 성(性)에 구애받는 의식에 문제가 있다고 생각한다. "여성이기 때문에", "남성이기 때문에"라는 이유로, 나카마끼리의 공동 행동이 제약을 받는 것은 참으로 있을 수 없는 일이지만, 성에 구애받는 자기 규제가 불필요한 장벽을 만들어 버린다고 하는 것이 실제로는 좋지 않은 것이다.

이 구애됨은 다른 형태로 보면, '오모이야리(思いやり)'[28]인 경우가 적지 않다. 여성이기 때문에 이런 일을 시켜서는 안 된다든가, 남자에게 그런 일을 시키면은 안 되느냐는 선의의 선택이 마이너스 효과를 나타내는 경우도 적지 않다. 성별 기준에서 비롯된 이러한 배려는, 비록 선의라 하더라도 나카마 집단 안에서는 실로 미묘한 반응을 불러일으키는 것이다. 나는 나카마 집단 안에서는 성별에 대한 과도한 배려는 그만두는 편이 좋다고 나는 생각한다. '구애됨'이나 '남을 배려하는 마음'도 한결같이 성을 둘러싼 차별로 이어진다면, 그것을 일체 고려하지 않는 것이 가장 바람직한 것은 아닐까.

지금까지 행해진 성차별의 역사적 배경을 생각한다면 그 외의 다른 방도는 없을 것이다. 그러나 그러면 실제로는 오히려 여성의 나카마가 부담을 느끼게 될지도 모른다. 나카마니까 당연하지 않느냐 하면서 심야에까지 이르는 회합에 억지로 끌어내는 것은 '비상식'적인 것이 될 것이다. 그런 걱정을 사전에 차단할 방법은

28) 타인을 배려하는 마음.

없는 것인가.

나는 있다고 생각한다. 이것은 나카마이기 때문에 가능한 것이지만 서로의 개별 사정이나 개인적 입장을 잘 알고 있다면, '성별'에 구애됨 없이 또 단순한 동정심이나 서로 기대는 관계가 아닌, 정확하고 확실한 행동을 나카마 전체가 그 한 사람 한 사람에 대해서 선택할 수 있는 것은 아닐까. 나카마의 좋은 점은 서로가 서로의 성격과 '가정의 사정'을 잘 알고 있는 것에 있다. 각각의 장점이나 단점도 알고 있다. 저 사람은 이런 옛 상처가 있다든가, 이런 약점이 있다는 것도 잘 알고 있다. 즉 서로의 개체 식별이 잘되는 것이 나카마여서 성별과 연령의 차이를 초월해서 한 사람 한 사람을 종합적인 인간으로서 서로 잘 이해한다고 할 수 있다.

그다지 친하지 않은 나카마의 경우, 그렇게 되지 않은 경우도 있을 것이다. 그러나 나카마라면 오해 없이 거침없이 묻는 것도 가능한 것이다. 나카마라면 이성이라는 점만으로 구애받거나 일부러 배려를 할 필요가 없는 것이다. 성과 세대의 차이를 초월하여 이어 갈 수 있는 것이 나카마 본래의 의의이다. 그리고 그러한 요인은 나카마 조직이 제대로 이루어져 있으면 자연스럽게 활용해 갈 수 있지 않을까.

이성의 나카마의 원점은 부부에 있다고 생각하면 좋다. 부부라도 언제나 만사형통하다고는 할 수 없고, 경우에 따라서는 결정적인 갈등이 생겨 마침내는 이혼을 하는 경우도 있다. 그러나 그 경험의 공유 같은 것이 그 결합을 가능케 하고 있다. 함께 일을 하는 나카마의 경우도 마찬가지로 무언가 일을 함께 완수했을 때 기뻤던 경험의 공유나 동일한 고통을 나눠 가지는 공감 같은 것 때문에, 성별을 거의 의식하지 않고 나카마로서 지낼 수 있지 않을까 생각하는 것이다.

V. 나카마 의식의 장 · 단점

1. 부분 참가의 노력
2. 스스럼없는 교제
3. 오늘날의 인정 과장(課長)
4. 나카마 의식의 장 · 단점

1. 부분 참가의 노력

수렁에 빠지다

나카마와의 교제는 잘못하면 한없는 것이 될지도 모른다. 대부분의 사람은 어느 선에서 제동을 걸지만 그것이 불가능한 사람도 있다. 그 수가 결코 적다고는 말할 수 없다.

어느 젊은 샐러리맨, 대학을 나와서 다행히 취직을 했다. 부임지 관계로 양친의 곁을 떠나 규슈의 어느 대도시에서 독신으로 살게 되었다. 그곳에서 알게 된 선배는 정열적이고 성실하며 인간적으로도 매력 있는 남자였다. 함께 선술집을 드나들며 문을 닫을 때까지 마시기도 하면서 급속하게 친해졌다. 그 선배가 그 무렵 활발했던 시민적인 반전운동에 때때로 가담하고 있었다고 한다. 그런 것에도 감동을 느끼고 공조하기도 했다. 그러는 동안에 데모에 유혹을 받는다. 독신의 따분함도 면할 겸 그저 심심풀이로 참가해 보니, 꽤 기분도 좋고 재미가 있다. 월 1회 정기적으로 데모를 한다. 그러는 동안에 아는 사람도 늘어나고 어엿한 활동가인 듯한 느낌도 받게 된다. 선배는 그 인간적 매력으로 그룹의 리더 격. 그 선배가 나카마라는 것이 그로 하여금 긍지를 느끼게 만들었다.

그런데 어느 날 소규모의 데모가, 아주 사소한 일로 교통 경찰관과 문제를 일으켜 그것이 커져 싸우게 되고, 그도 분위기에 편승하여 돌맹이를 쥐고 있었는데, 그로 인해 공무집행방해 현행범으로 붙잡혀 버렸다. 뒤늦게 후회해도 아무 소용이 없었다. 특별히 지은 죄도 배후 관계도 없고 해서 그저 쉽게 석방되었지만, 이 사건 이후로 상사는 왠지 묘한 시선으로 바라보고 동료도 냉담해졌다. 존경이 아니라 경원시되는 것이었다. 그를 유혹했던 선배는 생각해 보니 한 번도 그런 대우를 받고 있지 않았다. 그리고 다음의 인사 이동에서 그 선배는 도쿄 본사로 돌아가 버렸다. 남게 된 그는 당분간 차가운 시선을 느끼지 않을 수 없었다. 젊은 혈기가 저지른 실수라고 생각해도 이미 엎지러진 물이었다.

이런 일은 어디에나 있다. 마작, 경마에서도 나카마와의 교제가 계기가 되어 깊이 빠져 들어 그만둘 수 없게 된다. 그리고 정신을 차렸을 때에는 자신만이 중독되어 있고 나카마는 그 정도가 아니라고 하는 것이다. 미성년자의 비행, 범죄로의 길도, 중년 여성이 범죄의 길에 접어드는 것도, 대체로 동일한 패턴을 취한다. 예전의 일본어로 말하면 이것을 "수렁에 빠지다"라고 말한다.

왜 그렇게 되는 것일까. 말할 필요도 없이, 상대는 '적당하게 교제'하고 있었는데 본인만이 무아지경에 빠져 버렸기 때문이다. 나카마와의 교제에는 규칙이 있다. 그것을 알지 못하고 혼자만이 푹 빠져 버린 것이 잘못이다.

교제의 규칙

우리들은 혼자서 많은 사람들과 관계를 맺고 있다. 그것은 다시 말하면 한 사람이 몇 개의 나카마 집단에 소속되어 있다는 것이다.

옛날의 사회에서는 오히려 하나의 집단에 소속되어 있는 것으로 인생을 완결시킬 수가 있었다. 지금은 그렇게는 되지 않는다. 야나기다 구니오의 지적에 의하면, 간토 지방의 일부, 지금의 도쿄를 둘러싸고 있는 부근에서는, 친척을 '나카마'라고 부르던 지방도 있었다. 친척〔親類〕은 말할 것도 없이 외래 문자를 사용한 말이기 때문에 도쿄 부근도, 원래는 똑같은 말을 친척〔親類〕에 적용시킨 용법이었을 것이라고 한다.

요컨대 이 지방에서는 원래는 친척, 즉 집안이야말로 나카마였던 것이다. 그 시대, 집안과 나카마를 구분하여 각각의 교제 방법을 생각할 필요는 없었다. 그러나 가계와 가계와의 교제, 즉 친척 등 집안의 교제 외에 마을 교제와 같은 나카마 교제가 더해지면 그곳에서는 자연히 두 종류의 교제 방법이 가능할 것이다. 그것이 점점 분화되어 가면, 인간은 몇 개의 나카마 집단에 대해서 각각의 규칙에 따라서 교제해 나가지 않으면 안 된다. 하나의 집단에만 충성을 다하고 있을 수는 없다. 같은 회사 안에서조차 직장의 규칙이 있으면 조합의 규칙도 있다. 더구나 한 인간으로서 종합적인 교제가 이루어지려면, 많은 다른 나카마와 교제하지 않으면 안 되고, 각각의 다른 교제의 규칙이 있음을 고려하지 않으면 안 된다. 그러한 상황 안에서 어느 하나의 나카마에 빠져 다른 것을 생각하지 않고 수렁에 빠져 버려서는 어떠한 결과를 낳을 것인가는 말할 필요조차 없을 것이다.

사실 대부분의 사람은 그러한 짓은 하지 않는다. 어느 정도까지 "적당하게 사귄다"라는 것을 알고 있기 때문이다. 이것은 적당히 무책임하게 행동하는 것은 아니다. 각각의 나카마에 대해 성실하기 위해서는 그것이 부분적으로 참가하는 것이고, 전인격을 투입하는 것은 아니라는 것을 알고 있다. 편집증적인 성격의 사람만이 어느 하나의 집단에 몸과 마음을 바쳐 버리는 것이다. 그런 사람은 냉정하게 부분 참가하는 다른 사람들에게는 오히려 폐가 될 것이다. 자연히 이러한 사람은 소외된다. 그러한 사태가 되면 본인은 경색되고 저돌적이 되어 버린다. 그것이 결국 나카마 집단을 와해시켜 버릴지도 모른다.

현대 사회에서는 냉정하게 부분 참가한다는 산뜻함이 중요할 것이다. 그것은 결코 나카마에 대한 성실과 모순되는 것은 아니다. 오히려 나카마에 강하게 교제를 요구하는 사람 쪽이 불성실하게 비칠 것이다. 타인의 생활 속으로 태연히 아무렇지도 않게 끼어드는 듯한 행동은 이젠 받아들여지지 않는 것이다.

도시적인 교제

천년의 도읍지로 불리는 교토 거리에서는 일찍부터 그런 냉담한 도시적인 교제 방식이 성립해 있었던 것 같다. 시골에서 온 '기소 요시나카(木曾義仲)'[29]적인 인간에게는 그것이 교토인의 냉

29) 1154~1184, 1184년 교토에서 정이대장군 취임한 헤이안 시대의 무장.

담함으로 보인다. 나도 '기소 요시나카'적인 인간의 한 사람으로서 교토에 살기 시작한 초기에는 그것을 느꼈다. 20년 남짓 생활하면서 교토 출신의 아내와, 아내의 친정 사람들과의 교제, 그리고 마을 사람들과의 교제가 어느 정도 이루어지고 나서 비로소 교토의 도시적인 세련된 면을 느끼게 된 것이다.

예를 들면 관혼상제. 교토 사람들은 지극히 의리를 중요시하는 편이지만 결혼식이나 장례식의 참가는 오히려 사무적이라고 여겨질 만큼 냉정하다. 과장된 감정을 나타내며 언제까지나 당사자들 주변을 맴도는 듯한 행동은 하지 않는다. 예의를 지키지 않은 것은 아니지만 도를 지나치는 일도 없다.

일상의 인간 관계에서도 집안이나 가족 모두가 교제하는 빈도는 밖에서 예상하고 있는 것보다도 훨씬 낮다. 오히려 개개인의 가족 생활 내부에 툭툭 끼어들지 않을 것을 기대한다. 교토에서 교제의 말로서 자주 '오차스케(お茶漬)[30]'라는 말이 나온다. 식사 때가 되어서 방문지를 물러나려고 하면 "자, 오차스케라도 한 그릇 드시고 돌아가세요"라고 말한다. 그것을 또 있는 그대로 받아들여서 오차스케를 대접받는 것은 실례이다. 거기에 교토인 이외의 사람들은 차가움을 느낀다고 한다.

그러나 이 이야기에는, 도시적인 전통을 계승하는 교토인들 자신은 두 가지 점에서 의문점을 지니고 있는 것 같다. 첫 번째는

---

30) 따뜻한 차에 밥을 말아서 간단히 먹는 음식.

우선 이런 인사는 일반적으로는 하지 않는다는 것이다. 손님에 대한 접대 기준은 정해져 있다. 어떤 사람들에게는 다과 이상을 내지 않는다. 그것이 오히려 예의에 맞는 예절이다. 식사 때가 되어도 "오차스케를 드세요" 등의 인사는 하지 않는다고 한다. 또 손님 쪽에서도 식사 때라고 해서 식사를 기대하거나 하지 않는다. 우선 식사 때에 방문하는 것 자체를 피하는 것이 상식이라고 말한다. 그래서 이 '오차스케'의 이야기는 피해망상이 아닐까라고 생각한다.

풀코스의 '오차스케'

스탠퍼드대학 교수로서 문화인류학자인 벳푸(別府春海) 씨는, 교토적 교제에 대해 흥미 깊은 관찰을 쓰고 있다. 벳푸 씨는 교토의 지인으로부터 식사에 초대받았다. 에티켓대로 몇 번쯤 거절했지만, 아무래도 계속 거절할 수 없어서 어느 날 점심 식사에 가게 되었다. "무엇을 좋아합니까", "아무거나 괜찮습니다", "그럼 오차스케라도"라는 대화 끝에, 이윽고 초대에 응해 지인의 집을 방문했다. 그때의 '오차스케'는 마지막에 분명히 나오긴 했지만, 사실은 정성 어린 풀코스의 식사가 준비되어 있었다는 식의 이야기이다.

여기에 두 가지 점이 있다. 교토에서 식사에 초대되면, 그것은 어디까지나 최대한의 환대를 의미한다. 따라서 돌발적인 손님에 대해서 자신의 평소의 음식을 나누는 듯한 식사 대접은 있을 수 없다. 확실히 격식을 갖춘 요리를 내놓는 것이다. 그만큼 예의를 갖춘다고나 할까 마음의 준비가 필요한 것이다. 따라서 식사를 함께하는 것은 주인 측에 그만큼 준비가 있어야 비로소 손님을 초대할 수 있는 것이다. 그렇다면, 손님 쪽에서 밀어닥쳐서 식사에 끼어드는 것은 대단한 실례가 된다. 요컨대 식사에는 약속이 필요하다는 것이다. 그것은 새로운 인간 관계의 경우에도 마찬가지다.

이것은 자칫하면 '냉정하다'라고 이야기되기 쉽다. 형식주의적이고 마음이 깃들어 있지 않다는 이야기가 된다. 그러나 잘 생각해 보면 이것이 합리적이다. 정성어린 접대를 준비 없이 할 수는 없다.

또 손님도 주인에게 폐를 끼치지 않기 위해서는 이런 형식을 지키는 편이 좋은 것이다. 서로 선을 넘지 않는다는 것이다. 그런 규칙을 깨는 사람을 교토 사람들은 '촌놈'이라고 경멸한다. 이것을 시험삼아 도시 사람식의 교제라고 불러 보자. 이 도시적 스타일은 시골의 전인격적 교제, 집단 참가나 가족주의적인 끈끈함에 익숙해진 '기소 요시나카'적 인간에게는 때로는 당혹스럽고 반발심을 품게 하는 원인이 될 것이다.

그 도시적인 교제가 가장 좋다는 것은 아니다. 그러나 부분 참가를 전제로 한 나카마의 모임에는 이 도시적 스타일이 적당한 것으로 생각한다. 나카마와의 교제는 되도록 도시 스타일이 좋은 것이다. 반복하지만 이 절도 있는 교제는 약간 차갑긴 하지만 결코 냉정한 것은 아니다. 자타의 경계를 무시한 터놓고 지내는 교제를 이 문화는 좋아하지 않는다.

2. 스스럼없는 교제

제집처럼 드나드는 타인의 집

나카마끼리는 꽤 깊게 서로를 잘 알고 있다. 개인적인 버릇이나 기호로부터 가족에 대한 것까지 교제하는 동안에 점점 잘 알게 된다. 때로는 가족도 모르는 '비밀'조차 알고 있는 경우도 있다. 덧붙여서 현대 일본인이 고민거리나 비밀을 털어놓고 이야기하는 상대는, 친구, 동료, 직장 상사 등이 가장 많고, 좋은 상사라고 하는 것은 개인적인 고민거리를 상담해 주는 사람이라고 이야기된다. 나카마는, 말하자면 비밀을 공유하는 집단이라고 하는 측면이 있다. 그것은 때로는 마이너스의 의미를 갖는다. 반사회적 집단 갱이나 도둑이나 부정을 하는 사람들도, 강한 나카마 의식을 가지고 있는 것이다. 공통의 이해를 가진 나카마의 결속은 실로 단단한 것이다.

그러나 나카마끼리 서로 질 알고 있다고 해서 늘 함께 있는 것은 아니다. 그리고 일반적이라면 나카마 한 사람 한 사람이 각각 또 다른 나카마를 가지고 있는 것이다. 그래서 세계는 많은 나카마를 연결하여 구성되어 있는 것이다. 만약 나카마이기 때문이라고 해서 상대를 독점하려고 한다면, 그것은 나카마라는 사실에 취해 타인의 세계에 함부로 들어가는 것이 된다. 이것은 실은 서로에게 큰 폐를 끼치게 될 것이다. 이 부분을 착각하는 사람이 의외로 많다. 태연하게 친구의 집에 마구 들어가서 그 집 사람들에게 폐가 되는 것은 조금도 고려하지 않고 행동하는 것을 친밀함의 표현처럼 생각하고 있는 사람이 있다. "제집처럼 드나드는 남의 집"이라는 이상한 말이 있지만, 남의 집 냉장고를 태연하게 열어 보기도 하고, 아이들을 놀려 보기도 하고, 그렇게 하는 것이 교제라고 생각하는 사람이 적지 않다. 그것은 착각인 것이다.

가족 모두의 교제

여기에서 다른 문화의 예를 생각해 보자. 미국의 경우, 그 사교는 부부 동반, 가족 전체인 경우가 많다. 사람들은 집에 초대하기도 하고, 초대받기도 하며 빈번하게 왕래한다. 집에서의 파티가 많은 것이다. 일본같이 다방이나 선술집, 혹은 음식점 등에 남자는 남자끼리, 여자는 여자끼리 모여 있는 경우는 적다. 어느 정도의 지위를 갖춘 사람의 가정에서는, 부인은 파티의 왕래로 골치가 아프다. 행사표가 잘 팔리는 것도 그 탓이다.

미국에서는 나카마가 부부 단위로 이루어지는 경향이 있기 때문에, 그것을 여성 해방론자들은 강하게 비판하지만 현실은 아직 그 형태를 무너뜨리지 않는다. 이 아메리칸 시스템이 '인간적'이고 일본의 시스템은 좋지 않다고 하는 의견도 있다.

그러나 과연 그것이 바른 것일까. 초대받으면 답례를 해야 한다는 원칙 때문에 고생하는 부인이 많이 있다. 남편들의 인간 관계에 부인들의 인간 관계가 얽혀 있다는 것이 과연 바람직한 것일까. 앞에서 본 교토의 도시풍의 차가운 교제라는 측면에서 본다면, 미국인 사회에서는 가족이라는 사적인 장을 속속들이 드러내는 교제가 강요되는 면이 있다.

말하자면 그것은 매우 촌스런 구조로 되어 있는 것이다. 이것은 미국이라는 나라의 농업 사회적인 배경 탓일 것이다. 심하면 이 교제는 자칫 '부부 교환'이라고 하는 데까지 갈지도 모른다. 문자 그대로 '모든 걸 드러내 놓고 지내는 교제'에 의해, 혹은 그러한 포즈를 취함으로써 나카마라는 것을 서로 확인하지 않으면 안 된다는 강박 관념 같은 것이 거기에는 있는 것 같다. 그것은 본래 인간은 상호불신으로 가득 차 있기 때문에, 늘 그것을 없애는 노력을 하지 않는 한 신뢰 관계를 유지해 갈 수 없다는 사고방식이 저변에 깔려 있기 때문은 아닐까. 게다가 이러한 '부부 단위'의 교제인 경우, 독신자인 경우는 아무래도 소외되기 쉽고 또 현대 미국 사회에서 발생하는 여러 문제의 이면에는 모든 것을 터놓고 지내는 이러한 교제 방식이, 점차 현대 생활에 어울리지 않기 때문일 수도 있다. 사교성이 없는 사람은 미국에서는 불행한 사람이 되어 버리는 것이다.

유토피아적 공동체

최근 미국을 비롯하여 각지에서 많은 자치 사회 혹은 유토피아적 공동체가 생기고 있다. 대개는 자급자족의 원칙을 갖고, 거기에 온 사람들은 모두 나카마이고, 동포로 취급하여 자신들의 이상적인 생활을 하려고 하는 공동체이다. 미국에서는 훨씬 이전부터 그러한 공동체가 만들어져 있고, 어떤 것은 계속 이어져 왔으며, 차례차례 생겨났다가 사라져 버린 것도 적지 않다. 미국 대륙에서 유럽인 이주자는 청교도를 비롯해서 유럽의 잔재를 버

리고 자신들의 이상향을 만들려고 하는 동기가 처음부터 있었다. 일본에도 '새로운 마을(新しき村)'과 '일정원(一灯園)' 혹은 '심경동인(心境同人)'이나 '산안회(山岸會)' 등, 몇 개의 예를 볼 수 있다. 최근에는 그러한 자치 사회 건설 운동이 '대항 문화'로서의 연합을 형성할 움직임도 보인다. 마음이 통하는 사람들과의 공동생산, 공동생활은 어딘가 우리들의 틀에 박힌 마이홈주의적 일상생활과는 다른 좋은 점을 가지고 있는 것처럼 보인다.

이러한 움직임을, '나카마론'이라는 시점에서 본다면 어떤 것이 될까. 그것은 말하자면, 모든 것을 터놓고 지내는 전인격적인 교제를 기대하고, 부분 참가의 중복으로부터 이루어지는 일상성의 번거로움으로부터 벗어나서, 한정된 나카마와만 지내고 싶다는 바람의 표현이라고 할 수 있을 것이다. 집단 귀속을 하나로만 한다면 그리고 그 속의 규칙만 지키고 있으면, 번거로운 인간 관계는 생겨나지 않는다. 거기에 유토피아적 공동체 건설의 꿈이 있다고 해도 좋을 것이다.

그러나 모든 사람이 그러한 원시적 자치 사회로 되돌아가는 것은 일본 같은 초과밀의 복잡한 조직을 가진 사회에서는 이미 불가능한 것은 자명한 사실이다. 풍요로운 나라의 여유가 있는 사람들만이 그런 꿈을 가질 수 있는 것이고, 매일 악착같이 일해야만 하는 대부분의 우리들에게는 그런 여유가 없다. 일본 속의 자치 사회는 비교적 혜택받은 계층의 사람들, 혹은 자유로운 시간을 즐길 수 있는 사람들이 중심이 되어 있는 것도 사실이다.

그러한 움직임은 확실히 인간성의 회복이라는 면에서는 도움이 되지만, 자신들만이 그렇게 행복하게 되었다고 생각하더라도 외부 세계의 사람들로부터 선망의 눈으로 보이는 한 그것이 자기 중심적인 이기적 행동이라고 비난받아도 어쩔 수 없다. 자치 사회 속에서는 확실히 모든 것을 터놓고 지내는 교제가 가능할지도 모른다. 그러나 모든 사람에게 그것을 바라서는 안 되는 것이 현실이다. 따라서 우리들은 역시 이 세계의 많은 집단, 복잡한 구조 속에서 살아갈 수밖에 없다. 거기에 모든 것을 터놓고 지내는 그런 달콤한 교제를 하고자 하는 꿈은 버리고, 각각 서로의 규칙을 갖고 예의를 지키며 부분 참가를 해 갈 수밖에 없는 것이다.

일본인의 나카마는, 대부분의 경우 그 고밀도의 사회에 적응하여, 결코 고립적 폐쇄적인 집단을 만들지는 않는다. 개인이 몇 개의 집단과 교제하며 살아가게 되어 있다. 이 나카마의 존재는 어쩌면 '만원'이 될지도 모르는 지구의 장래에 유효한 모델을 제공할 수도 있다. 만원인 지구에서 살아가기 위해서는 이기적인 자치 사회에 대한 환상이나 모든 것을 터놓고 지내고자 하는 자신만의 주장은 이미 허락되지 않는다. 부분 참가의 세련된 예의가 필요한 것이다.

3. 오늘날의 인정 과장(課長)

의리 인정을 좋아하는 일본인

문부성의 제5회 '일본인의 국민성' 조사 결과가 공표되었다.

5년마다 하는 조사이지만, 회를 거듭할수록 깊이가 생기고 재미가 더해진다. 일본인의 의식에서, 무엇이 변화하고 무엇이 변하기 어려운가 하는 것이 확실히 나타나기 때문이다. 변화하는 것으로는, 예를 들면 개인의 권리 의식은 해마다 강화되어 가는 경향이 있다고 한다. 자연은 정복해야 할 것인가, 순응해야 할 것인가라는 견해에도 상당한 갈등을 일으키고 있다고 한다.

변하지 않는 것으로서 재미있는 것은, 일본인의 70% 정도가, 자신은 별로 신심 · 신앙을 갖고 있지 않다고 대답하는데, 신앙심이 중요하느냐는 질문에 대해서는 70% 정도가 중요하다고 생각하였다. 일본인의 종교관을 생각할 때에는 중요한 통계일 것이다. 그런데, 우리들이 생각해 왔던 '나카마'를 둘러싼 부분에 대해서는 어떨까. 흥미 깊은 것은 일본 속의 '의리 인정'의 측면이 의외로 변하지 않는다는 사실이다.

어느 사장이 그 회사의 존망에 관한 중요한 회의를 앞두고 도움을 받은 고향의 은인이 위독하다는 전보를 받았다. 이 사장은 회의에 나가야 할까, 고향으로 돌아가야 할까, 해답은 '고향으로 돌아간다'가 51%, '회의에 나간다'가 40%였다. 그럼 이 경우, 위독한 사람이 은인이 아니라 부모라고 한다면 어떨까. 해답은 역시 51% 대 41%. 백중지세라고도 말할 수 있지만, 대부분이 은인이나 부모에의 의리를 우선하는 마음을 갖고 있다는 것이다.

또 다음과 같은 결과도 있다. 부하를 잘 돌보아 주는 과장과 잘 돌보지 않는 과장이 있다. 어느 쪽을 따르고 싶은가, 이것은 81% 대 13%, 압도적으로 '인정 과장'이 인기가 있다. 상사와 일

이외의 교제가 있는 편이 좋을까, 없는 편이 좋을까, 있는 쪽은 72%, 없어도 좋다가 22%. 급료가 많은 회사와 가족적인 분위기의 회사, 어느 쪽이 좋은가? 전자 20%, 후자74%. "때로는 무리한 일을 시키더라도 일 이외에 사람을 잘 돌봐 주는 과장이 좋다"라고 한다.

이 조사서의 내용을 본 영국인 사회학자가 "일반적으로 영국인은 이 질문의 의미도 모를 것이다"라고 말했다고 한다. 그러나 일본 사회의 경우는 '잘 돌봐 주는 과장'이 있고 일 이외의 교제를 상사와 할 수 있는 '가족적 분위기의 회사'에 인기가 집중되고 있는 것이다. 이렇게 평균적인 일본인은 모래알처럼 까칠까칠한 인간 관계보다도, 오히려 끈끈한 관계를 좋아하는 것처럼 보인다. 그렇더라도, 이것을 옛날 그대로의 인간 관계가 그대로 계승되고 있다고 봐야 할지 그 여부는 다소 논란의 여지가 있을 것이다.

오히려 오늘날의 세상이 너무나도 삭막하여 과장은 개인적으로 보살펴 주지 않고, 상사와 일 이외로 교제할 수 있는 기회는 거의 없고, 임금 인상이다 동맹 파업이다 해서 가족적 분위기 등은 직장에 바랄 수도 없는, 이러한 현실 속에서 이렇게 되었으면 하는 원망, 기대가 이런 형태로 나타났다고 보는 것이 바른 해석일지도 모른다.

건조한 인간 관계

그러나 인정 많은 과장에게 인기가 있다고 하는 것은 충분히 이해할 수 있지 않은가. 그런 타입의 사람보다도 옛날 군대의 호랑이 조교처럼, 일 자체만을 고집하는 사람이 증가해 가기 때문에 오히려 인정 많은 과장의 인정이 빛날 수도 있지만 여기에서 기대되는 것은 끈적끈적하게 온종일 붙어 있는 듯한 전인격적인 동일화는 아닐 것이다. 그래서는 오늘날 강화되는 개인의 권리 의식과 당장 충돌해 버릴 것이다.

상하 관계는 옛날 봉건 도덕 속에서 칭송된, 가내노예적인 충실함과, 그 인신 지배자의 은고(恩顧)의 상호 관계는 아니다. 가마쿠라 무사식의 은혜와 봉공의 관계도 아니다. 영국 영화에 등장하는 충실 그 자체인 집안 관리인이나 집사 등과 같은 충성심은 이미 오늘날 기대할 수 없게 되었다. 인간 소외의 삭막함도, 전인격적 결합의 끈끈함도 환영받지 못한다.

텔레비전의 '연상 게임'의 멍멍 코너 같지만, 삭막함도 끈끈함도 아닌 인간 관계, 요컨대 오늘날의 인정 과장에게 기대되는 인간상은 건조한 관계가 아닐까. 적당히 개인적인 상담에도 응해 주지만 필요 이상으로 보스 기질을 발휘하지 않는다. 프라이버시에는 어느 정도 거리를 두고 되도록 간섭하지 않는다. 일의 성과는 정당히 평가해 주고 실수에는 엄하게 하더라도 다음날은 태연하게 한다. 상대의 마음속에 거침없이 들어가지는 않지만 어른의 분별을 슬며시 가르쳐 준다. 이것이 현대판 인정 과장의 타입이 아닐까.

그러나 이 산뜻한 관계를 유지하는 것이 실제로는 결코 용이한 것은 아니다. 인간 관계는 내버려 두면 삭막하게 되거나 끈적끈적하게 되는 경향이 있다. 실제로 상당히 노력하지 않으면 산뜻한 인간 관계는 유지해 가기 어려운 것이다. 특히 상하 관계의 경우에는 그것이 어렵다. 인간 관계는 그것이 세련될수록 실로 세심한 주의가 필요한 미묘한 것이라고 말할 수 있다. 마치 고급 의류나 미술 공예품이 정교하기 때문에 끊임없이 손질이 필요한 것과 같은 것이다. 산뜻한 관계를 유지하기 위해서는 그만큼 노력이 필요한 것이다.

그러나 그렇게 지속되는 관계는 언제까지나 이어지고 계속되어서 우리들의 인생을 풍요롭게 해줄 것이다. 그 점에서도 세련된 인간 관계는 구석구석까지 손길이 닿아야 하는 도구류 같은 '물건'과 닮았다고 말할 수 있을 것이다. 그런 '물건'을 가까이 느끼는 것만으로 생활에 새로운 활력이 생겨날 것이다. 좋은 상사, 좋은 동료, 좋은 나카마의 존재는 인생에서 최대의 보물이라고 해도 좋을 것이다.

4. 나카마 의식의 장 · 단점

인연이란 의외로 재미있는 것

여기에서 다시 한 번, 친한 나카마인 누군가의 얼굴을 떠올려 보자. 그리고 그 사람과의 우연한 만남이 어떤 계기로 만들어진 것인가를 생각해 보자. 확실하게 그 당시를 기억하는 사람도 있겠지만, 반대로 도저히 그 계기가 떠오르지 않는 상대도 적지 않을 것이다. 이같이, 잠시 나카마와의 관계를 떠올려 보면 한 가지가 분명해진다. 그것은 나카마가 생기는 계기가 완전히 우연에 의해 이루어진다는 것이다. 그것을 일부러 신비화할 필요는 없지만, 참으로 인간의 만남은 불가사의하다고 말할 수밖에 없다. 취직해서 처음 책상을 나란히 한 것이 일생의 교제를 가능케 하는 나카마를 만들기도 한다. 가끔 어떤 서클의 모임에 얼굴을 내민 것이 인연이 되어, 두터운 우정을 나누는 친구가 생기기도 한다. 나카마의 하나로서 부부조차 우연에 의해 탄생하기도 한다.

만약 같은 직장에서 책상을 나란히 하지 않았다면, 혹은 만약 어느 집회에 출석하지 않았다면, 이러한 나카마는 생기지 않았을 것이다. 같은 직장에도 혹은 써클에도 많은 사람이 있는데, 그 속에서 어떻게 해서 나카마가 되는 사람과 그렇게 되지 않는 사람이 생기는 것일까. 이것은 정말 숙명적인 것이라고 느끼지 않을 수 없다.

인연이란 이상한 것이어서 의외로 재미있는 것이라고 한다. 이것은 오로지 남녀의 우연한 만남에만 사용되는 말이지만, 나카마가 형성되는 과정도 정말 의외로 재미있다. 이 우연에 의한 만남에서 생겨난 나카마가, 한 사람의 생애를 결정해 버리는 듯한 의미를 가지는 경우도 결코 적지 않다. 그만큼 우리들은 인연을 중요하게 여기지 않으면 안 되고 인연이 맺어지는 기회를 소중히 하지 않으면 안 된다. 기회의 여신은 뒷머리카락이 없다는 말이 있다. 한 번 지나가면 여신을 붙잡을 수 없다는 것이다. 어떤 것이 계기가 되어 새로운 나카마가 생길지는 예상할 수 없다.

게다가 그 기회는, 일생에 한 번밖에 없는 것이라고 생각해 두는 편이 좋다. 이상하지만 의외로 재미있는 것이기에 우리들은 인간끼리의 만남을 중요하게 여기지 않으면 안 된다. 나카마 중에는, 어떻게 그렇게 성격이 다른 두 사람이 사이가 좋은지 헤아리기 어려운 예도 있다. 성격과 기호가 닮은 사람만으로 나카마를 만들지 않는다는 것이 재미있는 것이 아닐까.

요컨대 이것은 아이쇼(相性)[31]라고 하는 것 같다. 심리적 차원의 문제뿐만 아니라 좀더 뿌리깊은 습성적인 차원에 관계된 성격의 결합이다. 점(占)에서 말하는 아이쇼라는 말이 아니다. 벌레를 좋아하지 않는다는 것은, 불합리한 정서적 반응에 지나지 않는 것이지만 그것이 합리적인 판단보다 우선되는 경우가 자주 있다. 그것을 무리하게 좋아하려고 해도 결국은 무리인 것이다. 그 반대로 아이쇼만 좋으면, 상당히 귀찮고 까다로운 것도, 다른 사람들이 놀랄 정도로 간단하게 처리해 버린다. 인간 관계의 네트워크를 생각할 때 이 요인을 빼놓을 수는 없다. 아이쇼에 대해서는 앞으로 좀더 연구가 필요할 것이다.

바람직한 형태

나카마는 어떤 의미에서는 양날의 칼이다. 그것은 오늘날의 생활에 없어서는 안 될 중요한 인간 관계가 전개되는 장(場)이라는 것을 거듭 말할 필요가 없다. 세상 속에서 살아가기 위해서는 좋은 나카마의 존재가 필요하다. 그러나 동시에 나카마에 집착해

31) 서로간에 느낌이 잘 통하고 잘 맞는 것을 가리킨다.

서 당파성을 강조하거나 파벌 같은 것이 되면 오히려 사람들의 자유를 빼앗을지도 모른다. 멍하니 있으면 나카마는 끈적끈적한 전인격적 교제를 강요한다. 개미귀신과 같은 세계를 구축하게 될 수도 있다.

당파는 일반적으로 마이너스 요소로서밖에 작용하지 않는다. 야쿠자의 세력권 다툼이나 학생 운동의 내분 등은, 나카마가 어느 사이엔가 딱딱한 반사회적 집단으로서 굳어 버려, 인간의 자유를 제한한 결과가 아닐까. 오랜 대학의 강좌제 등도, 원래는 창의적 집단이어야 할 것이 권위 방어의 제도가 되어 버렸기 때문에 결점이 생겼다.

관료제에서 나타나는 결점의 대다수도, 나카마의 마이너스면의 연장선상에 있다고 말할 수 있다. 나카마는 그 구성원인 개인이 쭉쭉 자유롭게 행동하면서 전체로서 하나의 결합체로 남아 있는 형태가 가장 바람직한 것은 아닐까. 나카마 안에 자식 · 형제 · 부부 등의 혈연적 모델을 가지고 들어오지 않는 것, 끈적끈적한 전인격적 참가를 요구하지 않는 것, 그리고 끊임없이 새로운 나카마가 생겨남으로써 신진대사를 이루는 것이 중요한 것이다. 나카마가 노화하면 때로는 처치 곤란한 존재가 된다. 나카마 의식의 '죄'라는 측면에서 보면, 어쩌면 이것이 최대의 것일지도 모른다.

저자 후기

이 책을 쓴 동기는 두 가지이다. 하나는 친구인 이토(伊藤幹治) 씨의 교시이지만, 야나기다 구니오(柳田國男) 선생님이 대담에서 하신 말씀이다. 야나기다 선생님은 가와시마(川島武宣) 씨와의 대담 「혼인과 이에(家)의 문제」 속에서, "앞으로 '동료'에 관해 연구를 하지 않으면 안 된다고 생각합니다"라고 말씀하셨다. 잡지 『전망(展望)』의 1949년 1월호에 게재되어, 뒤에 『야나기다 구니오 대담집』(筑摩書房, 1964)에 수록되었다. 야나기다 선생님이 시도하려고 한 것을 내 나름대로 생각해 보고 싶었던 것이다.

또 하나는, 교토에서 계속하고 있는 교토대학 인류학연구회의 300회 모임에 게스트로서 초대받은 나카네(中根千枝) 교수의 발언이다. 나카네 씨는 축사에서 "일본의 집단 · 조직은, 대체로 동년배 그룹으로 모이는 경향이 있고, 구성원이 바로 노쇠해 버리는 경향이 있다. 교토대학 인류학연구회가 언제나 젊은 에너지를 비축하고 있는 까닭은 무엇인지 연구해 보고 싶다"라고 하였다. 나카네 씨에게 조사를 의뢰하는 것도 좋지만, 당사자인 우리들 자신이 이 문제를 생각해 보는 것도 의미가 있지 않을까 하는 생각이 들었다. 그것이 두 번째의 동기라고 할 수 있다.

나는 1973년 7월부터 월 2회, 종합노동연구소의 『LD노트』에, 꼭 1년간 「나카마(仲間) 의식의 장 · 단점〔功罪〕」이라는 글을 연재했다. 노동법이나 노무관리 관계자들을 대상으로 하는 간행물이지만 꽤 자유로이 '나카마'에 대해서 썼다. 이 책의 골자가 된 부분은 그 글에 근거하고 있다. 1년간 교제한 연구소 편집 담당인 이사(伊佐誠子) 씨의 아낌없는 협력에 다시 한 번 감사드리고 싶다.

책으로 발간함에 즈음하여, 전체를 새롭게 구성해 보았지만, 아직 치밀한 분석이 이루어져 있지 않은 곳도 있고, 또 완전한 형태를 취하지 않은 부분도 적지 않다. 그러나, 본격적인 전개를 위한 첫걸음으로서 자신의 머리에 있는 정수를 제시하고 비판을 받는 것이 사변적인 연구에는 오히려 적당한 방법이 아닐까라고 생각해서 과감히 정리해 보기로 했다. 교토대학 인문과학연구소의 다니야스 씨의 연구회에서도 보고하여 많은 코멘트를 받았다. 또 하나, 몇 해 전부터 '사연론(社緣論)'이라고 하는 구상을 하고 있지만, 그 분야의 '나카마론'을 정리해 가는 작업은 훗날을 기약하고 싶다. 이 단계에서는 오히려 내 생각을 솔직히 제시한 에세이로 해 두고, 엄밀한 학문적 평가는 모두 훗날을 기약하고 싶다. 마지막으로 이 책을 출간하기 위해 아낌없는 협력을 해 주신 고단샤(講談社) 편집부의 다시로 씨에게 감사의 뜻을 전하고 싶다.

요네야마 도시나오(米山俊直)

역자의 말

메이지 유신 이후 일본이 세계 열강의 일원으로서 국제 사회에 '등록'된 이후, 일본 · 일본 사회 · 일본인에 대해서 언급된 여러 학설은 그 수를 헤아릴 수 없을 정도로 방대한 양에 이르고 있다.

메이지 유신을 전후로 일본 사회가 세계의 흐름에 눈을 뜨고, 서양 제국과의 교류가 빈번히 이루어지면서 등장하기 시작하는 소위 '일본사회문화론'은 단순한 견문기나 체험담에서부터, 일본의 국가 형성 과정이나 일본 사회의 구조, 전통적인 일본인의 정서, 일본인의 대외관이나 외래 문화의 유입 과정에 이르기까지 실로 다양한 관점에서 수많은 학설들이 제기되어 동양의 '신비한 소국' 일본을 이해하고자 하는 서양 제국의 독자들뿐만 아니라 일본인 자신들로부터도 많은 공감을 불러일으켜 왔다.

그러나 제2차 세계대전 이후 일본에 대한 각국의 관심은 더 이상 '신비한 소국' 일본에 대한 호기심어린 시선이 아니라 그들이 갖고 있는 무서운 잠재력과 응집력, 그리고 단일민족이 뿜어내는 특수한 인간 관계와 사회 구조 등에 주목하면서, 그들이 어떻게 오늘날 '일본'이란 나라를 건설하였는가를 밝히는 데 집중하고 있다.

한편 일본인 자신들은 전후의 일본이 1960년대의 고도성장기를 거쳐, 일본의 '성공'과 자신들의 사회 및 문화가 여러 나라로부터 커다란 주목을 받자 1970년대에 접어들면서부터는 자신들의 아이덴티티는 무엇이며 일본 문화의 뿌리는 어디인가에 대한 관심이 고조되어 한때는 고대사에 대한 관심이 증폭되기도 하였고, 그와 더불어 일본인의 의식 구조 및 일본의 사회와 문화에 대한 연구가 일본인들에 의해 폭넓게 연구되기도 하였다. 그로 인해 이 시기에는 상당한 양의 일본 · 일본문화론이 등장하지만, 특히 그 가운데에서도 일본의 안팍으로부터 수많은 반향을 불러일으킨 "다테(縱)사회론"이 도쿄대학의 나카네 지에 교수에 의해 처음으로 제기되면서 소위 일본문화론 융성의 시대를 맞이하게 된다.

나카네 교수의 "다테사회론"은 일본의 사회 구조와 그 속에서 엮어지는 일본인들의 인간 관계의 특수성을 구체적 사례를 들어 논리적으로 분석함으로써 일본 사회에 내재하는 인간 관계의 메커니즘에서 한 측면을 이해하는 데 획기적 전기를 마련하였지만, 한편으로는 나카네 교수 자신이 언급하는 것처럼 독자들에게는 마치 일본 사회의 전체를 다테이론만으로 설명하는 것처럼 비추어져 많은 오해와 논쟁을 불러일으킨 것도 사실이다. 역자도 다테사회론이 일본 사회에 내재하는 인간 관계의 분명하고도 중요한 한 측면을 냉정히 분석하고 있다는 점에서 유효성을 충분히 인정하고 있지만, 다른 한편으로 일본 사회에는 나카네 교수의 다테이론과 궤를 달리하는 또 하나의 인간 관계의 유형이 존재하고 있음도 아울러 지적하지 않을 수 없다. 그것이 바로 요네야마 도시나오 교수가 이 책에서 지적한 '요코(橫)사회'의 인간 관계이다.

요네야마 교수는 이 책을 통해서, 역자가 느끼고 있는 바로 이 부분에 대한 해답을 비교적 평이하게 설명하면서 나카네 이론과의 차별성을 부각시키고 있다.

요네야마 교수는 나카네 이론이 선학의 연구를 이어받아 일본 사회의 구조적 특징을 명쾌하게 설명한 부분에 대해서는 높은 평가를 하면서도, 자신의 체험과 자신이 주로 활동하고 있는 관서 지방의 문화를 살펴보면, 일본 사회에는 나카네 이론으로부터는 도저히 설명할 수 없는 또 다른 사회 구조와 인간 관계의 유형, 즉 '요코사회'의 모델이 내재하고 있고, 이 요코사회의 모델 속에서 전개되는 "나카마 의식"이라고 하는 행동 양식에 대한 구체적 이해 없이는 — 물론 이 나카마 의식은 간사이 지방에만 한정적으로 보이는 인간 관계의 유형은 아니다 — 일본 사회, 특히 간사이 지방의 문화 구조를 제대로 이해하지 못한다는 것이다.

요네야마 씨의 주장처럼 일본의 간사이 지방은 전통적으로 상공업을 바탕으로 하는 문화를 구성하고 있기 때문에 농업과 대가족 중심의 문화적 배경 위에 형성된 간토 지방의 정서와는 현저히 다른 문화 구조를 갖고 있고, 그러기에 나카네 교수의 다테이론만으로는 설명할 수 없는 인간 관계의 유형이 분명히 존재하고 있는 것도 사실이지만, 그렇다고 해서 요네야마 씨의 주장이 다테이론에 필적할 만한 논리적 치밀함과 설득력을 갖고 있는 것은 아니라고 생각한다. 그럼에도 불구하고 역자가 굳이 이 책의 번역에 착수하게 된 것은, 저자 자신도 언급하고 있는 것처럼 "다테사회의 모델이 나 자신의 생활에서 느끼는 감정과 어딘가 엇갈리는 듯한 기분이 들었고, 반복해 읽어도 그러한 느낌이 떠나지 않았으며, 나뿐만이 아니고 아는 사람들 사이에서도 같은 느낌을 말하는 사람들이 많았다"라는 현실 인식이 일본 사회의 한 축을 명백히 형성하고 있기 때문이었다.

즉, 역자는 일본의 사회를 관동과 관서라고 하는 두 개의 대칭적인 문화 유형으로 크게 대별해 볼 때, 요네야마 교수의 『일본인의 집단(나카마) 의식』은 간사이 지방의 문화 구조를 이해할 수 있는 비교적 평이한 서적이라는 측면을 충분히 고려하여 이 책을 선정했다는 것이다. 독자 여러분들도 이 책을 그러한 관점에서 읽어 주신다면 아마도 '일본 사회의 인간 관계'의 한 측면을 이해하는 데 도움이 되리라 생각한다.

저자 **요네야마 도시나오(米山俊直)**

1930년 나라(奈良) 현 출생
교토대학원 수료 후 미국 일리노이대학에서
문화인류학 전공

저서 『北上の文化』, 『文化人類學の考え方』,
『日本のむらの百年』 외

역자 **김필동(金弼東)**

1985년 계명대학교 일본학과 졸업
히토쓰바시(一橋)대학 석 · 박사과정 수료
히로시마(広島)대학 박사(일본 사상 · 문화전공)

현재 세명대학교 일어일문학과 부교수

저서 『일본적 가치로 본 현대일본』, 『리액션의 예술 일본대중
문화』, 『일본의 정체성』, 『근대일본의 출발』 외

한림신서 일본학총서 29
일본인의 집단(나카마) 의식

초판 1쇄 발행　1997년　6월 20일
2 판 1쇄 발행　2006년 11월 30일

지은이 | 요네야마 도시나오
옮긴이 | 김필동
발행인 | 고화숙
발　행 | 도서출판 소화
등　록 | 제13-412호
주　소 | 서울시 영등포구 영등포동 7가 94-97
전　화 | 2677-5890
팩　스 | 2636-6393

ISBN 89-8410-311-X 94080
ISBN 89-8410-105-2(세트)

잘못된 책은 언제나 바꾸어 드립니다.

값 6,000원

한림신서 일본학총서 발간에 즈음하여

1995년은 제2차 세계대전이 끝나고 우리나라가 일본 식민지에서 해방된 지 50년이 되는 해이며, 한 · 일간에 국교정상화가 이루어진 지 30년을 헤아리는 해이다. 한 · 일 양국은 이러한 역사를 되돌아보면서 앞으로 크게 변화될 세계사 속에서 동북아시아의 평화와 번영을 추구해야 하리라고 생각한다.

한림대학교 일본학연구소는 이러한 역사의 앞날을 전망하면서 1994년 3월에 출범하였다. 무엇보다도 일본을 바르게 알고 한국과 일본을 비교하면서 학문적 · 문화적 교류를 모색할 생각이다.

본 연구소는 일본학에 관한 자료를 수집하고 제반 과제를 한 · 일간에 공동으로 조사 · 연구하며 그 결과가 실제로 한 · 일 관계 발전에 이바지할 수 있도록 노력하고자 한다. 그러한 사업의 일환으로 여기에 일본에 관한 기본적인 도서를 엄선하여 번역 출판하기로 했다. 아직 우리나라에는 일본에 관한 양서가 충분히 소개되지 못했다고 느껴지기 때문이다.

본 연구소는 조사와 연구, 기타 사업이 한국 전체를 위해야 한다고 생각하며 한 · 일 양국만이 아니라 다른 여러 나라의 연구자나 연구 기관과 유대를 가지고 세계적인 시야에서 일을 추진해 나갈 것이다. 그러므로 누구나 열린 마음으로 본 연구소가 뜻하는 일에 참여해 주기를 바란다.

한림신서 일본학총서가 우리 문화에 기여하고 21세기를 향한 동북아시아의 상호 이해를 더하며 평화와 번영을 증진시키는 데 보탬이 되기를 바란다. 많은 분의 성원을 기대해 마지않는다.

1995년 5월

한림대학교 일본학연구소